St. Nicolaikirche Kalkar

Guido de Werd

St. Nicolaikirche Kalkar

Großer DKV-Kunstführer

mit einem Beitrag von Alois van Doornick
zu den Fenstern von Karl-Martin Hartmann

DEUTSCHER KUNSTVERLAG

Frontispiz:
Jan Joest von Kalkar, Außenseite des rechten Flügels des Hochaltars: Auferweckung des Lazarus.
Im Hintergrund der Kalkarer Marktplatz mit dem Rathaus und dem Hanselaertor.

Für Hinweise und Unterstützung dankt der Verfasser Gerard Lemmens, Nimwegen.
Der Dank des Verfassers gilt auch Alois van Doornick und der Nikolaus-Bruderschaft Kalkar
für Hinweise und Korrekturen.

Abbildungsnachweis
Sämtliche Aufnahmen von Michael Jeiter, Morschenich,
mit Ausnahme von
Seite 6 o. + u., 8, 9, 29 u., 30 o. + u., 63, 108 u., 136, 139, 142, 147, 154 o. + u., 155:
    Annegret Gossens, Museum Kurhaus, Kleve
Seite 10, 23 l. + r., 37 l. + r.: C. F. Brandt, Flensburg
Seite 13: J. Stapper, Kleve
Seite 15, 16, 19, 21, 41, 117, 118, 120, 121 l. + r., 123 alle, 125, 126, 129, 132, 133, 135, 144 l. + r., 148, 153, 156
    und Umschlagrückseite: Florian Monheim, Krefeld
Seite 24, 109–113: Stephan Kube, Greve
Seite 32, 36: Rheinisches Bildarchiv, Köln
Seite 35, 105: Archiv des Verfassers
Seite 48: Städtisches Museum Haus Koekkoek, Kleve
Seite 156 o. und 162: Alois van Doornick, Kalkar

Lektorat | Rainer Schmaus und Edgar Endl
Gestaltung, Satz und Layout | Edgar Endl
Reproduktionen | Lanarepro, Lana (Südtirol) und Birgit Gric, Deutscher Kunstverlag
Druck und Bindung | Lanadruck, Lana (Südtirol)
Schriften | TheSans und Utopia

Bibliographische Informationen der Deutschen Nationalbibliothek:
Die Deutsche Nationalbibliothek verzeichnet diese Publikation in
der Deutschen Nationalbibliographie; detaillierte bibliographische
Daten sind im Internet über http://dnb.dnb.de abrufbar.

2., aktualisierte und erweiterte Auflage
© 2016 Deutscher Kunstverlag GmbH Berlin München
Paul-Lincke-Ufer 34
10999 Berlin
www.deutscherkunstverlag.de

ISBN 978-3-422-02410-6

Inhalt

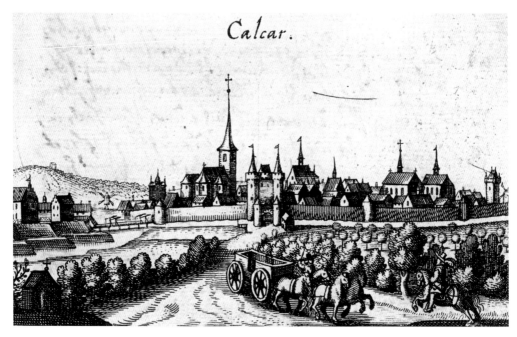

Hendrik Feltman, Kalkar von Osten. Kupferstich, um 1660

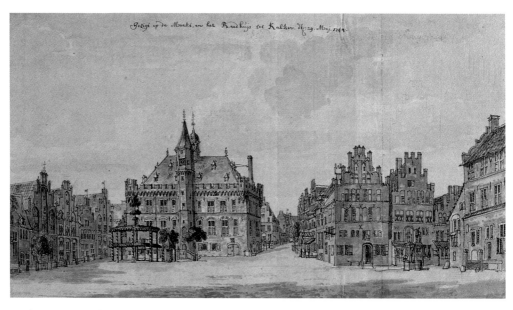

Jan de Beijer, Der Markt zu Kalkar. Aquarellierte Federzeichnung, 1745. Kalkar, Städtisches Museum

Die Stadt Kalkar

Mit ihrem einmaligen Ensemble von Architektur und Kunst gehört Kalkar in die Reihe der bedeutenden mittelalterlichen Städte Mitteleuropas wie Rothenburg, Lüneburg, Lübeck, Bamberg oder Görlitz. Jahrhundertelang schien die Zeit in der Stadt Kalkar stillzustehen. Die Bewohner konnten das Erbe ihrer durch Handel reich gewordenen Vorfahren nicht mehr ausfüllen. So verwandelten sie häufig die stattlichen Patrizierhäuser des späten Mittelalters in einfache Ackerbürgerhäuser. Noch lange nach dem Zweiten Weltkrieg waren in Kalkar die Erinnerungen an eine große Vergangenheit spürbar und die Zeugen der einstigen Größe noch überall sichtbar.

Heute wird die Stadt Kalkar an mehreren Seiten von sich rasch entwickelnden Neubausiedlungen umgeben. Aber noch in den 1980er Jahren, als der Name der Stadt in ganz Europa eher mit dem inzwischen aufgegebenen Projekt des Kernkraftwerks »Schneller Brüter« in Verbindung gebracht wurde als mit dem einmaligen kulturgeschichtlichen Erbe, bildeten noch weitgehend die historischen Stadtgrenzen den Rahmen für die Bewohnung. Von den Höhen des Kalkarer Bergs im Westen grüßt immer noch das imposante Bild der mittelalterlichen Stadtsilhouette.

Die Entwicklung der mittelalterlichen Stadtgemeinschaft mit ihren klaren Strukturen von Gilden und Bruderschaften über die vom Ackerbau geprägte Zeit des 17., 18. und 19. Jahrhunderts bis hin zur offenen Wohnstadt von heute, die ihre Einwohner schon längst nicht mehr nur aus den eigenen Reihen rekrutiert, hat sich allmählich und ohne zerstörerische Brüche vollzogen. Hinzu kommt, dass in all diesen Jahrhunderten ein wohlverstandenes Gefühl für die Eigenart ihrer Stadt die Bürger davor bewahrt hat, das einzigartige Ensemble von Bauten, Straßen und Plätzen zu beeinträchtigen.

Seit der Entdeckung des Mittelalters in der Zeit der Spätromantik, Mitte des 19. Jahrhunderts, war das Einmalige Kalkars zumindest in den Kreisen von Gelehrten und Künstlern bekannt. Es ist vor allem der historische Marktplatz mit dem imposanten Rathaus gewesen, der die meiste Aufmerksamkeit auf sich zog und der seit dem 15. Jahrhundert immer wieder von Malern und Zeichnern verewigt wurde. Keine zweitausend Einwohner zählte Kalkar im 15. und 16. Jahrhundert, aber ihre Bürger leisteten sich diesen großartigen, an ein Forum erinnernden Marktplatz, umsäumt von stattlichen Häusern und dem repräsentativen Rathaus an der Ostseite. Das gesamte Ensemble blieb lange Zeit unberührt erhalten. Am 29. Mai 1745 zeichnete Jan de Beijer (Aarau 1703–1780 Emmerich) den Kalkarer Marktplatz und führt uns diesen drei Jahrhunderte nach seiner Entstehung in noch fast unveränderter mittelalterlicher Pracht vor Augen (▶ Abb. S. 6).

Mittelalter

Die Entstehung Kalkars auf dem Gelände des sumpfigen Kalkarwards, eines verlandeten Rheinarms, geht auf das Jahr 1230 zurück. Damals beschloss Graf Dietrich VI. von Kleve, östlich des Kirchspiels Kalkar – der heutigen Ortschaft Alt-Kalkar – eine neue Stadt zu erbauen, auf die er den Namen des Kirchspiels übertrug. Zwölf Jahre nach der Gründung, im Jahr 1242, verlieh Graf Dietrich Kalkar die Stadtrechte.

Dass es sich bei Kalkar nicht um einen sich allmählich entwickelnden Stadtkern handelt, sondern um eine Neugründung, ist noch heute am Straßenverlauf ablesbar. Zunächst hatte die Stadt einen lang gestreckten Grundriss mit zwei parallel nach Norden und Süden verlaufenden Straßenzügen, die heutige Kessel- und Monrestraße. Die günstige wirtschaftliche Entwicklung der Stadt, beruhend auf der Tuchweberei und dem Braugewerbe, erlaubte es, das Stadtgebiet um 1380 nach Osten hin zu verdoppeln, wodurch der Grundriss der Stadt zu einem Oval wurde. Der alte Ostgraben wurde nun zu einer Art Mittelachse und trennte als Mittelgraben von Norden nach Süden die beiden Stadtteile. Nach der Zuschüttung des Mittelgrabens im Jahr 1852 ist die Zäsur zwischen beiden Stadtteilen durch die an dieser Stelle angelegten, ungewöhnlich breiten Grabenstraße noch heute nachvollziehbar. Innerhalb dieses ovalen Grundrisses entwickelten sich im späten 14. und 15. Jahrhundert die städtischen Strukturen, ein Netz von Straßen, die in nord-südlicher und ost-westlicher Richtung verlaufen, Plätze und die vier wichtigen Stadttore, welche nach den Orten, zu denen sie führen, benannt wurden: das Keteltor (nach Kessel), das Hanselaertor, das Monretor (zum Monreberg, dem ehemaligen Sitz der Grafen von Kleve) und das Kalkartor (nach Alt-Kalkar). Die 1575 im Städtebuch von Braun & Hogen-

berg erschienene Vogelschauansicht von Osten (▶ Abb. unten) vermittelt einen besonders klaren Eindruck dieser städtebaulichen Struktur. Sie zeigt, dass der Marktplatz mit dem Rathaus und der südwestlich gelegenen, nur durch eine Häuserzeile getrennten St. Nicolaikirche das Zentrum der Stadt bilden.

Der Kalkarer Markt erhielt seine heutige Form mit dem Rathausneubau in den Jahren 1438 bis 1446, mit dem der klevisch-herzogliche Baumeister Johan van Wyrenberg beauftragt war. Der Magistrat der Stadt ließ das Rathaus, welches das alte an der Südseite an der Ecke zur Monrestraße ersetzen sollte, auf einem freien Gelände zwischen der östlichen Häuserzeile des Marktes und dem Mittelgraben errichten. Um das neue Rathaus in das Platzgefüge zu integrieren, erwarb er anschließend die damalige östliche Häuserzeile des Marktes und riss diese ab, wodurch das neue, imposante Gebäude die Ostseite des nun vergrößerten Marktplatzes beherrschte und mit der Gerichtslinde und den repräsentativen Bürger-

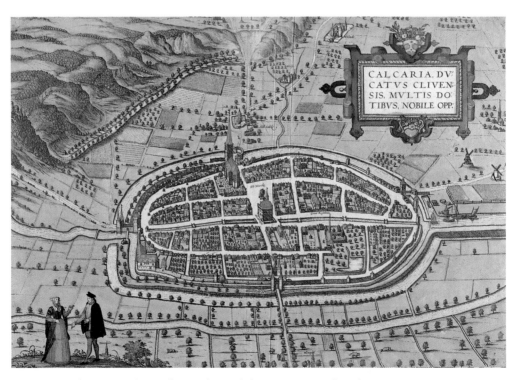

Georg Braun und Frans Hogenberg, Kalkar aus der Vogelschau von Osten. Kupferstich, 1575

Jan de Beijer, Die St. Nicolaikirche zu Kalkar von Südwesten. Links das Klever Tor, auch Kalkartor genannt, mit einer Zugbrücke. Aquarellierte Federzeichnung über Bleistift, 1745. Privatbesitz

häusern das unverwechselbare urbane Herz der Stadt bildete.

Das Rathaus ist ein monumentaler, schlichter, dreigeschossiger Backsteinbau mit hohen Kreuzstockfenstern und einem Dachgeschoss, das von einem Zinnenkranz und Ecktürmchen bekrönt wird. Im Untergeschoss waren in einer zweischiffigen Halle mit Kreuzgratgewölben (heute Ratskeller) öffentliche Einrichtungen wie Tuchhalle, Fleischhalle und Waage untergebracht. Der eigentliche Ratssaal lag im ersten Geschoss und war über einen zum Markt hin zentral vorgelagerten polygonalen Treppenturm erreichbar. Anders als beispielsweise im gotischen Rathaus von Lüneburg ist von der originalen Ausstattung des Ratssaals, die für unsere Kenntnisse des spätmittelalterlichen bürgerlichen Selbstverständnisses sehr aufschlussreich gewesen wäre, nichts erhalten geblieben. 1694, in einer Zeit von geringem his-

torischen Bewusstsein und großer Armut, wurde ein Großteil des Inventars zerstört. Das einzige überkommene Einrichtungsstück ist ein stark übermaltes Gemälde mit der Darstellung des Jüngsten Gerichts mit Christus als Weltenrichter, das möglicherweise noch aus dem 15. Jahrhundert stammt (heute Städtisches Museum Kalkar). Darstellungen des Jüngsten Gerichts zählten in den Niederlanden und Norddeutschland in vielen Rathäusern fest zur Einrichtung. Sie galten als Mahnung sowohl für die Amtsinhaber wie Bürgermeister, Schöffen und Richter, die allesamt jährlich aus der Bürgerschaft neu gewählt wurden, als auch für die Bürger. Bei diesem Bild im Kalkarer Rathaus fällt es leicht, zur Gerichtslinde auf dem Marktplatz gedanklich eine Brücke zu schlagen.

Die Bevölkerung Kalkars hat sich im Laufe des 14., 15. und 16. Jahrhunderts ständig verändert. Um die Mitte des 15. Jahrhunderts hatte

Blick vom Kirchturm von St. Nicolai auf den Markt mit dem Rathaus. Fotografie von C. F. Brandt, Flensburg, 1868

Kalkar ca. 2000 Einwohner, weniger als Kleve und Emmerich, viel weniger als Wesel, das mit seinen 7000 Einwohnern nicht nur die größte, sondern auch wirtschaftlich die bedeutendste Stadt am Niederrhein war. 1532 wurden in Kalkar nur noch 1700 Einwohner gezählt (Kleve 2200, Rees und Xanten 2500, Emmerich 3250 und Wesel 6250).

Dass die Bürgerschaft dennoch in der Lage war, nicht nur das Rathaus zu errichten und zu unterhalten, sondern auch die Stadtpfarrkirche St. Nicolai durch den gemeinsamen Einsatz von Stadtverwaltung und Bruderschaften mit vielen kostbaren Kunstwerken auszustatten, die in vergleichbarer Form und Qualität nur in den Hauptkirchen der bedeutendsten Städte anzutreffen sind, ist auf die schon im späten 13. Jahrhundert aufblühende Wirtschaft zurückzuführen. Bereits im 13. Jahrhundert ist eine Wollweberinnung nachweisbar, ein Gewand-

haus wird 1320 erstmals erwähnt. Der Amtsbrief der Innung stammt aus dem Jahr 1369. Die ersten Tuchweber kamen von außerhalb: aus Aachen, Flandern, Brabant und Goch. Durch sie wurde das Kalkarer Wollenamt zum wichtigsten der Region. 1386 wurde es durch Graf Adolf I. von Kleve bestätigt und in seinen Rechten und Pflichten genauestens festgelegt. Zu dieser Zeit bestand nämlich die Gefahr, dass der Tuchhandel die Tuchproduktion verdrängen würde, vor allem weil zahlreiche Schneider innerhalb der Mauern Kalkars tätig waren. Der Markt für die Kalkarer Tuchproduktion war vor allem regional. Er scheint gegen die wohl höherwertigen Produkte aus Brabant und Flandern, die den Absatzmarkt der Hanse beherrschten, nicht konkurrenzfähig gewesen zu sein.

Den zweiten Wirtschaftszweig Kalkars bildete das Braugewerbe. Jedem Kalkarer Bürger stand es frei, Bier zu brauen. Um 1500 waren in

Jan Joest, Innenseite des linken Flügels des Hochaltars: Mitglieder der Bruderschaft Unserer Lieben Frau als Zeugen bei der Handwaschung des Pilatus – mit der weißen Haube die sogenannte Bäckersfrau

Kalkar nicht weniger als 42 Brauereien nachweisbar und jährlich wurden ca. 4000 Tonnen Bier produziert. Weiterhin war der Getreidehandel ein wichtiger ökonomischer Faktor. Vor allem mit Roggen, Weizen, Gerste, Hafer und Feldfrüchten lockte der lokale Donnerstagsmarkt, der gewöhnlich von mittwochs 12 Uhr bis freitags 12 Uhr dauerte, zahlreiche Fremde in die Stadt.

Um 1500 hatte die wirtschaftliche Blüte im Herzogtum Kleve ihren Zenit überschritten, auch als Folge des Hundertjährigen Krieges zwischen Frankreich und England. Die Nachfrage nach Tuchprodukten ging in ganz Europa zurück, und am Niederrhein traf dies zuallererst die Stadt Kalkar. Der Wohlstand der Kalkarer Bürgerschaft sollte jedoch noch bis weit in das 16. Jahrhundert anhalten und lange genug dauern, um der Ausstattung der Stadtpfarrkirche St. Nicolai mit kostbaren Kunstwerken weiter Gestalt zu geben. 1550 zählte die Kirche nicht weniger als siebzehn Altäre, von denen heute noch zehn Retabel erhalten sind. Die meisten dieser Altäre waren, ebenso wie das Chorgestühl und der Lettner, Stiftungen von Bürgern, die sich in sogenannten Bruderschaften und Gilden vereinigt hatten. Die meisten Bruderschaften waren Heiligen, häufig den Schutzpatronen der Berufsgruppen, gewidmet und einige existieren noch heute. Zu nennen sind die vier Bruderschaften des St. Georg,

St. Sebastian, St. Antonius, 1419 erstmals als solche erwähnt, und St. Jakobus, 1498 erstmals genannt. In der 1348 gegründeten St. Nikolausbruderschaft versammelten sich die wichtigsten Bürger der Stadt. Weiterhin werden als aus Zünften oder Gilden entstandene Bruderschaften genannt die St. Eligiusgilde (erstmals erwähnt 1441, Schmiede), die St. Severusgilde (erstmals erwähnt 1477, Leinenweber), die St. Annenbruderschaft oder -gilde (erstmals erwähnt 1484, Schneider), die Gilde St. Crispinus und St. Crispinianus (erstmals erwähnt 1489, Schuhmacher), die Stephanusgilde (erstmals erwähnt 1557, Brauer). Weiter existierten noch die Bruderschaft des hl. Hubertus und die bedeutende Liebfrauenbruderschaft.

Die Bruderschaft Unserer Lieben Frau

In dieser 1348 an der St. Nicolai-Pfarrkirche gegründeten Bruderschaft, die sich an erster Stelle der Wohltätigkeit widmen wollte, waren die wichtigsten Bürger der Stadt und sogar bedeutende Persönlichkeiten von außerhalb Kalkars vertreten. 1351, wenige Jahre nach der Gründung, zählte auch der Landesherr, Graf Johann II. von Kleve, zu den Mitgliedern. Der Bürgermeister von Kalkar war jeweils Dekan und Oberprovisor, die beiden Provisoren mussten ebenfalls Kalkarer Bürger sein. Neue

Mitglieder konnten vom Dekan und von den beiden Provisoren aufgenommen werden. Zu diesen gehörten bereits sehr früh auch Frauen. Neben klassischen Aufgaben, wie der allgemeinen Sorge um das Seelenheil, der Armenpflege und der Kirchenmusik, setzte sich die Liebfrauenbruderschaft mehrere Jahrzehnte lang, nachweislich von 1487 bis 1522, für die Ausstattung der Kirche ein. 1487 hatte Pfarrer Johann Tesche van Holt in Rom erwirkt, dass die Mitglieder der Bruderschaft einen Ablass von hundert Tagen erhalten sollten nach dem »würdigen Empfang des Buß-Sakraments« und einer Spende zum Aufbau und zur Ausschmückung der Nicolaikirche. Der »Bonus« scheint inspirierend gewirkt zu haben, denn noch im selben Jahr schuf der Bildhauer Meister Arnt im Auftrag der Bruderschaft die Figur des »Christus im Grabe«, der am Anfang der großen Zeit des bürgerlichen Mäzenatentums in Kalkar steht (▶ Abb. S. 27). 1547 ging die Verwaltung der Bruderschaft an die Kirche über.

Das Bruderschaftsleben war intensiv: Jährlich trafen sich die Brüder am Mittwoch nach Dreikönig (6. Januar) für eine Art »Jahreshauptversammlung«, die nach einem Hochamt und einem gemeinsamen Essen stattfand. Hier wurden der Dekan sowie die zwei Provisoren gewählt und der Jahreshaushalt genehmigt. An jedem Mittwoch mussten alle in Kalkar wohnenden Mitglieder an einem Hochamt teilnehmen. Einmal im Monat, am Sonntagnachmittag nach der Vesper, sangen die Brüder die Vigilien. Am Montag darauf gab es eine feierliche Messe zum Gedenken an die verstorbenen Mitglieder.

Wie wichtig die Rolle der Bruderschaft war, wird deutlich an einem Inventar des Kirchenschatzes von 1560, in dem alle von ihr gestifteten Werke aufgelistet werden.

Das 16. Jahrhundert und später

Im 16. Jahrhundert wurde das Herzogtum Kleve von mehreren Rückschlägen getroffen. Die allmähliche Verlegung der landesherrlichen Residenz von Kleve nach Düsseldorf infolge der klevisch-jülichschen Hochzeit, das Aufkommen der Reformation und 1568 der Ausbruch des niederländisch-spanischen Krieges, der auch auf klevischem Terrain ausgefochten wurde und Kalkar stark in Mitleidenschaft zog, sollten nicht folgenlos bleiben. Da konnte auch die neue, lang ersehnte Schiffsverbindung Kalkars mit dem Rhein durch die Ingebrauchnahme der Kalkarer Fahrt 1567 wenig bewirken. Bemerkenswert ist, dass Kalkar trotz des wirtschaftlichen Rückgangs im dritten Viertel des 16. Jahrhunderts die höchste Einwohnerzahl überhaupt (3200) erreichte. Die Blüte der Stadt war um 1550 definitiv Vergangenheit.

In der zweiten Hälfte des 16. Jahrhunderts kamen holländische Religionsflüchtlinge mit ihren Familien nach Kalkar, wie die katholischen Altbürgermeister von Nimwegen, Gerardt Kanis, und von Amsterdam, Cornelis Brouwer genannt Bam. Vor allem die Familie des Letzteren sollte jahrzehntelang eine wichtige Rolle in Kalkar spielen. Der St. Nicolaikirche schenkte sie bedeutende Kunstwerke.

In der ersten Hälfte des 17. Jahrhunderts schrumpfte die Bevölkerung Kalkars durch mehrere Pestepidemien, Kriege und Besatzungen auf 2000 Einwohner. Besonders die Epoche bis zum Westfälischen Frieden (1648) war von Katastrophen gekennzeichnet. Seit der Eroberung Kalkars durch die Spanier unter der Führung von Mendoza (1598) und die Rückeroberung durch die Holländer unter dem Statthalter Prinz Moritz von Oranien (1599) hatte die Stadt unter der Gewalt des niederländisch-spanischen Befreiungskrieges nicht nur wirtschaftlich sehr zu leiden. Noch schwieriger wurde die Lage nach dem Tod des letzten, kinderlosen Herzogs von Kleve, Johann Wilhelm, 1609, als der klevische Erbfolgestreit entbrannte und Kalkar mit dem Herzogtum Kleve an Brandenburg fiel. Im Dreißigjährigen Krieg, zwischen 1640 und 1645, folgte schließlich die Besetzung Kalkars durch hessische Truppen unter der Führung des Obristen Carl Rabenhaupt.

Ruhe sollte erst nach dem Westfälischen Frieden einkehren, insbesondere während der Regierungszeit des klevischen Statthalters Jo-

Das schwer beschädigte Rathaus und die zerstörten Häuser an der Südseite des Marktes, 1945–1946. In der Mitte links die historische Linde. Ganz links die Reste des 1949 beseitigten Seydlitz-Denkmals

hann Moritz von Nassau-Siegen (1647–1679). Das wichtigste Ereignis in dieser Zeit war für Kalkar die Errichtung einer Zitadelle an der Südseite der Stadt nach einem Entwurf des niederländischen Festungsbaumeisters Hendrik Ruse, die Friedrich Wilhelm von Brandenburg, der Große Kurfürst, befohlen hatte. Zu diesem Zwecke mussten viele Bürgerhäuser wie auch die herzogliche Schlüterei niedergerissen werden. Nach der Eroberung Kalkars durch die Truppen Ludwigs XIV. im Juni 1672 wurde die Festung wieder geschleift.

Zwischen 1794 und 1814 war Kalkar von den Franzosen besetzt. Die Stadt gehörte seit 1801 zum Département de la Roer mit dem Verwaltungssitz in Aachen.

Zu Anfang des 19. Jahrhunderts verschwanden aus der Stadt zahlreiche Zeugnisse der mittelalterlichen Architektur. So wurden 1828 die Reste von drei Stadttoren – des Kalkarer-, Kessel- (= Ketel-) und Hanselaertors (bereits 1770–1772 abgerissen, nur ein Bogen blieb) – auf Abbruch verkauft. Das Monretor war bereits 1775 niedergelegt. Nur wenige Reste der alten Stadtmauer sind noch heute erhalten. Erwähnens-

wert ist der sogenannte Taubenturm, ein belvedereartiger Aufbau aus dem 18. Jahrhundert auf dem mittelalterlichen Rundturm am Kesseltor.

Nach der Säkularisierung in der Franzosenzeit 1802 standen die aufgelösten Klöster und Klosterkirchen leer und wurden veräußert oder abgerissen. Die Gasthauskapelle wurde 1804 verkauft, ebenso wie der seit 1587 von den Birgitten aus Marienbaum benutzte St. Caecilienkonvent östlich der Kesselstraße, das seitdem den Namen Marienblum trug. Das Dominikanerkloster, das 1455 östlich der Grabenstraße errichtet und im Laufe der Zeit stark erweitert worden war, wurde ebenfalls mitsamt der Klosterkirche nach der Säkularisation abgerissen.

1816 kam Kalkar als Teil der neuen Rheinprovinz unter preußisch-klevische Verwaltung. 1820 wurde der Friedhof an den Stadtrand verlegt. 1826, nach der Union, wurde die lutherische Kirche Synagoge und die reformierte Kirche an der Kesselstraße das einzige protestantische Gotteshaus. Die Wasserwege Kalkars sorgten um die Mitte des 19. Jahrhunderts für gewisse Aufregung. Die Verbindung zum

Rhein, der Kalflack, versandete. Eine politische Initiative, eine neue Rheinverbindung und somit einen neuen Hafen zu schaffen, scheiterte. 1852 wurde beschlossen, den Mittelgraben – den alten Stadtgraben, der die Stadt in zwei Hälften teilte – zuzuschütten, weil der Brückenunterhalt zu teuer war. Die Unruhen von 1848 gingen an Kalkar vorbei. Das einzige Großereignis in dieser Zeit war 1860 die Errichtung eines Denkmals für den angeblich in Kalkar geborenen preußischen Reitergeneral von Seydlitz des Düsseldorfer Bildhauers Julius Bayerle (1826–1873).

Gegen Ende des 19. Jahrhunderts kamen die ersten Fremden nach Kalkar, um die Kunstschätze der St. Nicolaikirche zu besichtigen. Durch den Bahnanschluss 1904 an die Linie Kleve – Duisburg wurde ein Besuch erleichtert. Wichtig für die kulturelle Bedeutung Kalkars im 20. Jahrhundert war die im Haus »Sieben Linden« an der Grabenstraße unter der Leitung von Franz Radziwill und Heinrich Nauen durchgeführte Sommerakademie als Außenstelle der Düsseldorfer Kunstakademie. Beide Künstler blieben Kalkar verbunden und sind mit wichtigen Werken im 1956 eröffneten Städtischen Museum vertreten.

Während des Dritten Reiches wurde in der »Kristallnacht«, am 9. November 1938, die Synagoge niedergebrannt. Gegen Ende des Zweiten Weltkrieges, am 13./14. Februar 1945, wurde die Stadt bei alliierten Luftangriffen beschädigt. Auch die Gasthauskirche hinter dem Rathaus wurde getroffen. Obwohl das Gebäude noch restaurierbar war, wurden seine Reste nach 1945 abgerissen. Wichtig für die Entwicklung Kalkars war die kommunale Neuordnung 1969, wodurch sich die Einwohnerzahl der Stadt auf 10 000 erhöhte und sie somit existenzfähig wurde. Die letzten Jahrzehnte des 20. Jahrhunderts standen im Zeichen des »Schnellen Brüters«. Der Beschluss 1991, diesen nicht in Betrieb zu nehmen, verursachte große Finanznöte für die Stadt. Ein Glücksfall war die damals bereits in voller Entwicklung befindliche Stadtsanierung, die aus Kalkar ein städtisches Juwel gemacht hat und heute die Besucher aus nah und fern anlockt.

Heute empfängt den Besucher auf dem Rathausplatz eine gepflegte Gastronomie. Das historische Kieselpflaster findet sich schon auf den Gemälden von Jan Joest in St. Nicolai. Das Museum hinter dem Rathaus ist untergebracht in zwei Giebelhäusern an der Grabenstraße (um 1520) und an der Hanselaerstraße (um 1400), die 1975 durch einen zeittypischen Neubau mit einander verbunden wurden. Die weitgehend original erhaltenen Häuser vermitteln einen guten Einblick in die Wohnumstände des späten Mittelalters. Das Museum präsentiert die Stadtgeschichte an Hand von Dokumenten, einem Stadtmodell und Kunstwerken, u. a. das Gemälde des Jüngsten Gerichts, das aus dem spätmittelalterlichen Rathaus stammt. Einen bedeutenden Sammlungsschwerpunkt bilden die Werke der in Kalkar tätigen Künstler und Lehrer der Kunstakademie Düsseldorf. Zu nennen sind Max Clarenbach, der gebürtige Kalkarer Gerhard Jansen, Franz Radziwill, Heinrich Nauen und Hermann Teuber. In Wechselausstellungen werden Werke jüngerer Künstler des Niederrheins präsentiert.

Die gepflegte Stadt mit ihren schönen Straßen und Häusern bietet sich an für Spaziergänge. Vom »Schwanenhorst« vor der Stadt entlang der Ley bis zur Hanselaerer Mühle durchquert der Besucher ein einzigartiges Stadtbild. In der Mühle wird sowohl Brot gebacken als auch nach altem Kalkarer Brauch Bier gebraut. In ihrer Umgebung findet sich der jüdische Friedhof.

Hier schließt sich der sogenannte Dominikanerbongert an, der dem Klosterareal des im frühen 19. Jahrhunderts abgerissenen Dominikanerklosters entspricht.

Von Kalkar aus lohnen sich Besuche im Schifferstädtchen Grieth mit seiner Rheinfähre, im alten Tabaksdorfs Wissel mit der romanischen Stiftskirche und im nahegelegenen Schloss Moyland mit dem schwerpunktmäßig Joseph Beuys gewidmeten Museum. Das »Kernwasser Wunderland« auf dem Gelände des nie in Betrieb genommenen »Schnellen Brüters« ist heute ein Familienpark, der sich zu einem Messe- und Veranstaltungszentrum entwickelt hat und ein wichtiger Arbeitgeber für die Region ist.

Die St. Nicolaikirche

Architektur

Ohne Zweifel wurde im selben Moment, als Graf Dietrich VI. von Kleve die Gründung der Stadt Kalkar beschloss, auch die Errichtung einer Pfarre mit eigener Kirche und Geistlichen geplant. Ob diese erste Kirche – wie die heutige – den hl. Nikolaus zum Patron hatte, ist nicht bekannt. Es ist aber nicht unwahrscheinlich, dass auch damals schon der von Kaufleuten besonders verehrte heilige Bischof als Kirchenpatron auserkoren war. Die Kirche, von der Reste bei Grabungen im Rahmen der Restaurierungen von 1997 bis 2000 unter dem heutigen Bau entdeckt wurden, war eine 1269 erstmals erwähnte, relativ kleine, dreischiffige, spätromanische Basilika aus Tuffstein. Sie wurde schon bald durch die heutige Hallenkirche aus Backstein mit hohem Westturm ersetzt.

Ein Brand im Jahr 1409 scheint den Anlass für den ehrgeizigen Plan des Neubaus geboten zu haben. Anfangs benutzte man das alte Schiff der staufischen Kirche weiter und ersetzte nur die Apsis durch eine neue, sehr lange, polygonal geschlossene Chorpartie. Schon 1418 konnte hier der neue Nikolausaltar geweiht werden. Aber erst im Jahr 1423 vollendete Meister Johann die Gewölbe dieses Chores, der als einschiffige, hohe Kapelle mit schmalen Lanzettfenstern hinter dem Schiff aus dem 13. Jahrhundert gelegen haben muss. Man erkennt diese Situation noch in der heutigen Kirche, denn der gegenwärtige Hochchor hat die alten Seitenmauern bewahrt. Die ehemaligen Fenster in den Seitenwänden wurden bei der Fertigstellung der kleinen, rechteckigen »Alten Sakristei« an der Nordseite (1443), des heutigen Nordchores, vermauert. Bei der Vollendung des südlichen Nebenchores 1493 sind das Maßwerk und die Verglasung aus den Fenstern des Hochchores entfernt und als Spitzbogenöffnungen zum neuen Nebenchor geöffnet worden. Etwa gleichzeitig mit dem neuen Ostteil wurde im Westen ein großer Turm mit monumentalem Eingangsbereich vor dem alten Schiff errichtet. Daran schloss nach 1443 der berühmte herzoglich-klevische Baumeister Johan van Wyrenbergh, der auch das Kalkarer Rathaus sowie Teile der Klever Burg errichtet hatte, das Schiff in Form einer breiten Halle an, nachdem das staufische Langhaus abgerissen worden war. Am 3. Mai 1450 fand die feierliche Einweihung durch den Kölner Weihbischof Johann statt, die jedoch nicht den Abschluss der Bauarbeiten bedeutete, denn dieser folgte erst um 1455, als die Einwölbung der Kirchenschiffe vollendet wurde. Inzwischen hatte Herzog Adolf I. von Kleve im Jahr 1441 die Kirche zu einer selbstständigen Pfarrei erhoben und sie aus der Abhängigkeit von der alten Pfarrei Alt-Kalkar befreit. Zweifellos stehen diese Erhebung, der Neubau und der Wunsch der Bürgerschaft nach einer reichen Ausstattung in engem Zusammenhang.

Um 1480 hatte die St. Nicolaikirche eine ihrem Rang als Stadtpfarrkirche nicht genügende, eigenartige Form: ein sehr breites und kurzes Schiff mit einem langen, schmalen Chor im Osten und einem starken Turm im Westen. Nun war man bestrebt, diese Bauteile sowohl außen als auch innen einander anzugleichen, indem die Randzonen mit kleineren Anbauten, wie die Turmkapellen, gefüllt wurden. Zum nördlichen Seitenschiff bot ein Portal mit einer kleinen Vorhalle an der Marktseite Zugang. Nach niederrheinischer Tradition wurde als Pendant dazu an der Südseite ein zweiter Seiteneingang hinzugefügt, der in der Form viel reicher und doppelt so tief war. Er wurde um 1482 vollendet. Auch der Turm wurde in die Baumasse aufgenommen, indem man ihn mit zwei großen Kapellen umgab, die zu den Seitenschiffen hin geöffnet waren. Die Kapelle an der Nordseite ist die älteste, sie wurde 1484 von Johann van Huerden erbaut. 1487 führte Meister Willem Backerweerd aus Zwolle, der zur gleichen Zeit den Ausbau der nördlichen Seitenschiffe am Dom von Xanten leitete, die südliche Kapelle aus. Der Raum im Obergeschoss bot dem Kirchenarchiv Platz. Jetzt richtete man die Aufmerksamkeit auf die Ostseite. Hier wurde das kurze südliche Seitenschiff durch einen von Gewölben mit flamboyantem Netzwerk überspannten, dem hl. Johannes geweihten Nebenchor verlängert, der fast so lang wie der Hochchor war. Sein Baumeister war Johann von Münster (1489–1492). 1505/1506 wurde am Südchor schließlich die neue Sakristei angebaut, wodurch die alte an der Nordseite überflüssig wurde und zum Nordschiff hin mit einem Spitzbogen als nördlicher Nebenchor geöffnet wurde.

Der Westturm ragte zu dieser Zeit kaum über das Kirchenschiff und die beiden flankierenden Turmkapellen hinaus und genügte wohl bald nicht mehr den Ansprüchen der Kalkarer. 1495 bis 1501 erhöhte der von der Kölner Dombauhütte stammende und zu dieser Zeit der Xantener Bauhütte vorstehende Johann van Langenberg den Turm um ein Geschoss und versah diesen mit einem steilen, imposanten Helm. Für diese Maßnahmen musste die alte Turmgalerie abgebrochen werden. Im Inneren wurde die Öffnung des Turmes zum neuen Kirchenschiff hin erhöht. An der Westseite wurde ein neues Westportal eingebaut, darüber ein neues Maßwerkfenster. Zum Schluss wurde die Turmhalle neu überwölbt. In der Mitte des Netzgewölbes wurde eine runde Öffnung für das Hochziehen der Glocken in das neue, 1501 von dem Zimmermeister Johann von Radevormwald errichtete Glockengeschoss, ausgespart.

Schon 1526 wurde der hoch aufragende Turmhelm bei einem Sturm zerstört und schlug dabei durch das Gewölbe des Mittelschiffes. Er wurde durch einen etwas niedrigeren ersetzt, der 1766 abbrannte, später wieder aufgebaut und in der Nacht vom 22. auf den 23. Oktober 1918 endgültig durch einen Brand zerstört wurde. Die sechs

alten Glocken stürzten mit dem brennenden Glockenstuhl durch das Gewölbe der Turmhalle und wurden beim Aufschlagen zertrümmert. Die Grabplatten erlitten teilweise gravierende Brandschäden.

Die älteste Glocke datierte aus dem Jahr 1374. Drei aus den Jahren 1480, 1483 und 1493 wurden von Gerrit van Wou, einem berühmten Glockengießer aus Herzogenbusch und Kampen, gegossen. Die Glocke von 1697 goss Claudius Fremy aus Amsterdam, die von 1730 Jean Petit.

Lettner und Ausstattung

Das älteste und den Raum am meisten bestimmende Ausstattungsstück fehlt dem Interieur seit 1818. Es ist der vermutlich 1457 vollendete Lettner, ein balkonartiger Abschluss an der Westseite des Hochchores, der den Chorraum zu einem eigenen liturgischen Zentrum machte, das nur für die Geistlichkeit und die Liebfrauenbruderschaft bestimmt war. Dieser Lettner diente als Rückwand für den eigentlichen Hauptaltar, den Kreuzaltar, der den Mittelpunkt im Laiengottesdienst bildete und durch den vor ihm hängenden Marienleuchter besonders betont wurde.

Über die genaue Form des Lettners geben nur einige schriftliche Quellen Auskunft. Aus ihnen geht hervor, dass vor der Mitte des Lettners der Kreuzaltar mit einer Kalvarienberggruppe aufgestellt war und links und rechts zwei Türen mit schmiedeeisernen Gittern Zugang zum Hochchor gaben. Auf der Bühne des Lettners befand sich der Andreasaltar. Hier standen während der Liturgiefeiern auch die Sänger. Nach dieser Beschreibung war der Lettner in seinem Aufbau dem – allerdings rund einhundert Jahre älteren – im Xantener Dom nicht ganz unähnlich. Möglicherweise gehörte der Skulpturenzyklus von Christus mit den Aposteln, der mittlerweile auf dem Chorgestühl aufgestellt ist, ursprünglich zum Lettner.

Anders als heute, wo der Hochaltar im Hochchor aus der gesamten Kirche sichtbar ist, gliederte der Lettner den Raum in zwei Hälften. Chorgestühl und Hochaltar erschlossen sich

Blick durch das Mittelschiff nach Osten

Gewölbemalereien im östlichen Joch des Mittelschiffes: Christus als Salvator und zwei Engel mit den Wappenschilden von Herzog Adolf I. von Kleve

Blick in die Gewölbe des Südchores. Im Vordergrund links der Marienaltar, rechts der Sieben-Schmerzen-Altar

bis dahin nur denjenigen, die Zutritt zum Hochchor hatten. Ein Grund für den Abbruch des Lettners 1818 war sicherlich das Bedürfnis, eine überschaubare Neueinrichtung des Kirchenraumes zu schaffen, wozu auch die Neuaufstellung der verbliebenen Altäre gehörte (▶ S. 25ff.).

Die Bauplastik im Inneren der Kirche ist sehr sparsam, vor allem im Vergleich zum Dom von Xanten oder zur Stiftskirche in Kleve. In Kalkar fehlen beispielsweise plastische Schlusssteine mit einem Figurenprogramm gänzlich.

Die Kirche war ursprünglich mit Wandmalereien geschmückt. Dienste, Kapitelle und Kreuzrippen waren zur Entstehungszeit grau abgesetzt. Dieser Zustand wurde bei der Restaurierung von 1965 bis 1968 wiederhergestellt. Die Fugen zwischen den einzelnen Rippenteilen sind schwarz gefasst. Durch diese zurückhaltende Bemalung der tragenden Architekturglieder wird der festliche Hallenraum der Kirche sehr einfühlsam gegliedert und betont.

Die Gewölbe und Wände waren reich mit Malereien geschmückt, von denen an verschiedenen Stellen einige noch heute erhalten sind. Der zentrale Teil des Mittelschiffgewölbes ist durchgehend mit pflanzlichen Motiven bemalt. Vereinzelt finden sich hier auch Christus-, Engels- oder Heiligendarstellungen.

Im Gewölbe des östlichen Mittelschiffjoches ist Christus als Salvator dargestellt (▶ Abb. oben links). Er hält ein Spruchband mit dem Text »ego sum via veritas et vita« (Joh. 14,6). Vor ihm halten zwei Engel die Wappenschilde des Landesherrn Herzog Adolf I. von Kleve (1373–1448) und seiner beiden Gemahlinnen, Agnes von der Pfalz und Maria von Burgund, die sich hier in unmittelbarer Nähe Christi als Beschützer ihrer Kalkarer Untertanen präsentieren. Im mittleren Langhausjoch, in der Achse der südlichen und der nördlichen Vorhalle, befindet sich in der Raute des Gewölbescheitels eine achteckige, mit einer Holzluke geschlossene Öffnung, ein sogenanntes »Himmelloch«, um

Das Jüngste Gericht auf der westlichen Stirnwand des Nordschiffes

Das »Himmelloch« im Gewölbe des mittleren Langhausjoches

die sich vier Engel mit den Arma Christi gruppieren (▶ Abb. oben). Hier wurde am Himmelfahrtstag mit großem Zeremoniell und theatralischer Regie die Skulptur eines Himmelfahrts-Christus emporgezogen, die durch das Loch im Gewölbe quasi in den Himmel fuhr.

Das durchgehend vegetabile Dekorationsmuster der Gewölbe weist diese Zone der Kirche als einen »paradiesischen Himmelsgarten« aus, der den gesamten Kirchenraum zum »hortus conclusus« deklariert, in dem sich die Gläubigen und die Seligen zur Andacht versammeln.

Bevorzugte Flächen für umfangreiche Bildprogramme waren vor allem die Wände der Chorpartien und der Seitenschiffe. Nur auf zwei unterschiedlich bedeutende Reste sei hier verwiesen. An der nördlichen Chorwand befindet sich ein Malereifragment mit Heiligenfiguren (vor Fertigstellung der Alten Sakristei Anfang des 15. Jahrhunderts entstanden), und auf der östlichen Stirnwand des nördlichen Seitenschiffes hat sich über dem (vergrößerten) Eingang zur alten Sakristei eine monumentale Dar-

stellung des Jüngsten Gerichts erhalten, die jedoch aufgrund zahlreicher Reste größtenteils als Wiederherstellung betrachtet werden muss (▶ Abb. S. 21). Inwiefern bei der Neubemalung der Kirche durch den Kölner Maler Johann Stephan 1850 das Jüngste Gericht mit integriert war, lässt sich heute nicht mehr feststellen. Sicher ist aber, dass der Restaurator Anton Bardenhewer das Jüngste Gericht bei der großen Restaurierung von 1908 wenig gewissenhaft ergänzt und größtenteils neu gemalt hat. Dieser Zustand wurde 1951 bis 1953 von dem Restaurator Richard Perret gesichert und aufgefrischt, und schließlich 1966 bis 1969 und 1997 nochmals konserviert.

Das Jüngste Gericht zeigt uns, dem Rathausgemälde entsprechend, Christus als Weltenrichter, auf einem doppelten Regenbogen sitzend und flankiert von der Muttergottes und dem hl. Johannes dem Täufer als Fürbitter für die aus den sich öffnenden Gräbern aufsteigenden Toten, die sich in einen Zug der Seligen und in einen der Verdammten trennen. Ikonografisch selten sind die am Schildbogenrand dargestellten Apostel. Durch die gravierenden Übermalungen und Ergänzungen lässt sich die Wandmalerei stilistisch und zeitlich schwer einordnen, aber aufgrund der allgemeinen Komposition und der Baugeschichte der Kirche ist eine Entstehung um 1450 wahrscheinlich.

Die Fenster

Die Kalkarer Bürger und Bruderschaften haben sich auch der Ausgestaltung der großen, meist dreibahnigen Fenster mit künstlerischen Verglasungen angenommen. In den Kirchenrechnungen werden zwischen 1480 und 1570 eine Anzahl von Aufträgen für Fenster und sehr viele Reparaturen an diesen erwähnt. Vor allem der in Kalkar lebende »Glasmacher« Johann Nyelen – wohl der Sohn von Heinrich Nyelen, der 1450 für das Jüngste Gericht im Rathaus bezahlt wurde – erhielt zahlreiche Aufträge für neue Fenster. Für seine Arbeiten in den Jahren 1490 bis 1492 empfing er 1492 die enorme Summe von 28 Gulden. In diesem Jahr setzte

Der Hochchor von St. Nicolai. Ölanstrich nach Entwurf von Johann Stephan, die Fenster nach Entwurf von Eduard von Steinle, 1850. Fotografie von C. F. Brandt, 1868

Das nördliche Seitenschiff mit dem Jüngsten Gericht und der »Alten Sakristei« mit dem Sieben-Schmerzen-Altar. Fotografie von C. F. Brandt, 1868

sein Knecht ein Fenster ein, das der Herzog von Kleve gestiftet hatte. Zwei Jahre später, 1494, lieferte er für die südliche Turmkapelle ein Fenster mit einer Kreuzigungsdarstellung; 1500 stattete er das neue Westfenster des Turmes aus. 1506 schuf er Fenster für die neue Sakristei und 1515 ein Fenster für den Chor Unserer Lieben Frau, das die Stadt stiftete. Anschließend erhielt er den Auftrag für das Fenster über dem Hochaltar im Hochchor. Neben Heinrich Nyelen werden noch weitere Glaser erwähnt, Wilhelm und Johan Paep, Derick der Glasmacher und, nach 1540, ein Rutger Aquis oder van Aeken, allerdings fast ausschließlich wegen der Restaurierung und Erneuerung der vorhandenen Fenster.

Die ursprüngliche Verglasung der Kirche hatte im Laufe der Jahrhunderte stark gelitten. Bei einem furchtbaren Sturm am 9. November 1800 wurden die noch vorhandenen Scheiben durch herabstürzende »kronenartige Verzierungen« zertrümmert. Heute kann nur noch vermutet werden, wie die Fenster ausgesehen haben. Sie werden der stilistischen Entwicklung der spätgotischen Glasmalerei entspro-

chen haben und anders als hochgotische Fenster farblich relativ offen, mit einer Vorliebe für Gelb- und Weißtöne, und kompositorisch großfigurig gehalten gewesen sein. Gute Vergleichsbeispiele bilden die im Londoner Victoria & Albert Museum aufbewahrten Fenster aus dem Kloster Mariawald und die Fenster im Südschiff des Xantener Domes.

Die Restaurierungen des Kirchengebäudes

Die Unterhaltung des beeindruckenden Kirchenbaus hat seit seiner Errichtung von der Kalkarer Bürgerschaft große Anstrengungen gefordert. Im 15. und 16. Jahrhundert war das Gebäude noch so neu, dass nur wenige größere Reparaturen erforderlich waren. Im 17. und 18. Jahrhundert, als Kalkar zu einem Landstädtchen verfiel, waren die Mittel für den Unterhalt äußerst bescheiden. Dies hatte zur Folge, dass zu Anfang des 19. Jahrhunderts eine große Restaurierung unvermeidlich war. 1816 wurde Pfarrer Jakob Josef Deboeur nach Kalkar berufen. Er sollte die Instandsetzung der Kir-

Henrik Douverman, hl. Maria Magdalena.
Aus der ehem. Dominikanerkirche

anstrich versehen, der bis nach dem Zweiten Weltkrieg das Bild des Kirchenraums bestimmen sollte.

Die Berufung von Pfarrer Vennemann nach Kalkar im Jahr 1898 sollte sich als Glücksfall erweisen. Zwischen 1898 und 1917 war er Initiator zahlreicher Restaurierungsmaßnahmen. Insbesondere sollten, in Zusammenarbeit mit Professor Paul Clemen, die mittelalterlichen Altäre einer großen Restaurierungskampagne unter der Leitung des Bildhauers Ferdinand Langenberg unterzogen werden.

Die erste große und allumfassende Restaurierungsmaßnahme des Gebäudes fand 1908 statt. Bereits 1904 hatte der Architekt Ludwig Arntz hierfür ein Konzept vorgelegt. Die wichtigsten Wiederherstellungsmaßnahmen beinhalteten das Westportal, die Giebelbekrönung der Südvorhalle, die Rekonstruktion der Turmgalerie mitsamt der Errichtung eines neuen Turmhelms (der bereits 1918 wieder abbrannte) und die Überarbeitung des gesamten Mauerwerks und Maßwerks der Kirchenaußenseiten.

Im Zweiten Weltkrieg wurde die Kirche, deren kostbares Inventar zeitig in Sicherheit gebracht worden war, im Vergleich zum Rathaus nur leicht beschädigt. Mehrere Gewölbe des südlichen Seitenschiffes und die Mauern des Südchores stürzten bei den Kämpfen um Kalkar ein. Das oberste Geschoss des Turmes wurde schwer beschädigt. Um 1950 waren die meisten Schäden am Gebäude beseitigt, aber deren Folgen zeigten sich noch lange: Wasser und Feuchtigkeit zogen das Mauerwerk in Mitleidenschaft und wirkten sich auch auf die gotischen Malereien aus. Das Jüngste Gericht und die Gewölbemalereien mussten wie bereits erwähnt zwischen 1951 und 1997 mehrfach restauriert werden, wobei auch viele von Bardenhewers Übermalungen und Entstellungen entfernt wurden.

Der architektonische Wiederaufbau wurde im eigentlichen Sinne erst 1976 mit der Errichtung eines neuen Turmhelms abgeschlossen. Der Turm erhielt ungefähr seine ursprüngliche Höhe und gab so der Stadt ihre eindrucksvolle spätmittelalterliche Silhouette wieder.

che und die Neuordnung des Inneren mit großem Elan angehen. Die finanziellen Mittel hierfür wurden zum Teil durch den Verkauf einer Reihe von Altären und Kunstwerken aufgebracht. Trotzdem konnte, neben dem Abbruch des Lettners und einer Neuaufstellung der verbliebenen Altäre und Altarreste, nicht viel mehr als das Notwendigste an Instandsetzungsmaßnahmen realisiert werden. Das Kircheninnere wurde 1820 zum ersten Mal seit achtzig Jahren neu weiß gekalkt. In diesem Jahr wurde der Friedhof vom Kirchhof vor die Tore der Stadt verlegt.

Um 1850 wurde nach Anweisungen des Kölner Malers Johann Stephan in Anlehnung an die Klever Stiftskirche der Innenraum anstelle des traditionellen Weißkälkens mit einem Öl-

Die Geschichte der Ausstattung

Die früheste Ausstattung 1380–1480

Wie oben erwähnt, fehlt seit 1818 der Lettner, das bis dahin älteste Ausstattungsstück (▶ S. 18). Von den Kirchen am Niederrhein waren neben der Bürgerkirche von Kalkar die Kapitel- und Stiftskirchen von Emmerich, Kleve, Kranenburg und Xanten mit einem Lettner ausgestattet. Nur in der Xantener Domkirche hat sich der Lettner bis heute erhalten, vor allem weil der preußische Bauinspektor Karl Friedrich Schinkel 1826 persönlich nach Xanten gereist war, um den bereits beschlossenen Abriss zu verhindern. Zu diesem Zeitpunkt waren in Kleve und Kranenburg sowie Kalkar und Emmerich die Lettner – im Rahmen der Kirchenneueinrichtungen nach der Franzosenzeit – bereits abgebrochen worden.

Vollendet wurde der Kalkarer Lettner um 1457. Seine äußere Erscheinung war wahrscheinlich bestimmt von reichem und variiertem Maßwerk und könnte dem Lettner in der St. Martinikirche zu Emmerich, der uns aus Zeichnungen Jan de Beijers aus dem 18. Jahrhundert gut bekannt ist, sehr ähnlich gewesen sein. Anders als in Kleve, Kranenburg und Emmerich, wo nach dem Zweiten Weltkrieg bei Grabungen in den Kirchen Reste der jeweiligen Lettner gefunden wurden, die meist unter den zu Anfang des 19. Jahrhunderts verlegten neuen Fußböden verborgen waren, fehlt vom Kalkarer Lettner bis heute jede Spur. Der Lettner trennte den Hochchor, der nur für die Geistlichkeit und die Liebfrauenbruderschaft bestimmt war, und das Hauptschiff. Er war die Rückwand für den eigentlichen Hauptaltar der Pfarrkirche, den Kreuzaltar, der das Zentrum für den Laiengottesdienst bildete.

Wie der Lettner, ist auch der Kreuzaltar spurlos verschwunden. Zur Zeit seiner Aufstellung, um 1450, wird er nur ein bescheidenes Retabel gehabt haben. Hier stellt sich die Frage, ob die heute auf dem Chorgestühl aufgestellten Figuren von Christus und zehn Aposteln ursprünglich zum Lettner gehörten oder zum ersten Retabel des Kreuzaltars. Vermutlich standen die Apostelfiguren ehemals auf der Brüstung des Lettners, so wie dies noch heute beim Lettner in der Kirche von Tienen der Fall ist. Eine andere Möglichkeit ist, dass sie ursprünglich in einem flachen Altarschrein aufgestellt waren, welcher aus einer Reihe Nischen bestand, die mit Baldachinen verziert waren und der den Brabanter Vorläufern der vielfigurigen Schreine entsprach. Dieser Zyklus mit den untersetzten Figuren und den blockhaft an den Körpern haftenden Gewändern könnte kurz nach der Mitte des 15. Jahrhunderts entstanden sein. Er veranschaulicht das bescheidene Niveau der niederrheinischen Plastik vor dem Wirken von Meister Arnt und seiner Werkstatt.

Zu den frühesten Einrichtungsstücken zählen zwei weitere Steinmetzarbeiten, die beide für die Feier der Liturgie notwendig waren: das an der nordöstlichen Ecke des Hochchores platzierte, 7,5 Meter hohe Sakramentshaus und der Taufstein aus Baumberger Sandstein, der heute im östlichen Joch des Nordschiffes aufgestellt ist. Beide entstanden im frühen 15. Jahrhundert.

Aus der ersten Einrichtungszeit der Kirche stammen noch einige Altargemälde, die neuerdings im südlichen Seitenschiff hängen. Um 1440 sind ein gemalter Altarflügel mit dem Drachenkampf des hl. Georg auf der Vorderseite und auf der Rückseite die thronende Maria, wohl Teil einer Marienkrönung, entstanden. Der schwere Figurenstil ist ein Beispiel für den Einfluss der flämischen Malerei eines Robert Campin (des Meisters von Flémalle). Aus derselben Zeit stammt die Tafel eines Schmerzensmannes, der mit erhobenen Händen, die

Sakramentshaus, um 1450. Ausschnitt mit hl. Johannes Ev., Christus Salvator, Muttergottes und Engel

Sakramentshaus, um 1450. Ausschnitt mit dem Kirchenpatron St. Nikolaus

Wundmale zeigend, auf einer blühenden Wiese steht. Dieses Andachtsbild ist vermutlich die Arbeit eines geldrisch-klevischen Malers, der in Köln in der Nachfolge von Stephan Lochner und dem Meister der hl. Veronika ausgebildet wurde. Unklar ist, ob es sich bei diesem Gemälde um eine selbstständige Arbeit handelt oder um den Flügel eines Triptychons.

Andachtsbilder bildeten in einer spätgotischen Kirche wichtige Ausstattungsstücke. Von diesen hat sich in der St. Nicolaikirche nur die Figur des Christus im Grabe von Meister Arnt (1487) im südlichen Seitenchor erhalten (▶ Abb. S. 27). Wahrscheinlich besaß die Kirche eine überlebensgroße Statue oder Wandmalerei des hl. Christophorus, des Beschützers der Reisenden, und sicher einen Himmelfahrts-Christus, ähnlich dem des Meister Arnt im Museum Kurhaus Kleve (vermutlich aus dem Xantener Dom), worauf die Luke im mittleren Gewölbe des Kirchenschiffes hinweist (▶ Abb. S. 22).

Die spätgotische Austattung 1487–1550

Ihren heutigen Ruhm verdankt die Kirche ihrer bedeutenden spätgotischen Ausstattung, die im Folgenden ausführlich dargestellt werden soll. Sie beginnt nach der Vollendung des Schiffes und der darauf folgenden Weihe des Kreuzaltars 1451. Einen wichtigen Impuls für die Kalkarer Bruderschaften und Bürger bildete der von Pfarrer Johann Tesche van Holt 1487 beim Papst in Rom erwirkte Ablass von hundert Tagen beim »Empfang des Bußsakraments« und eine Spende für Aufbau und Ausschmückung von St. Nicolai. Zu dieser Zeit standen bereits der Georgsaltar von Meister Arnt und der Annenaltar des Weseler Malers Derik Baegert. Meister Arnt erhielt noch im Jahr 1487 den Auftrag für den Christus im Grabe. 1488 wurde mit dem neuen Hochaltar begonnen und nach einer sorgfältigen Abwägung ebenfalls Meister Arnt übertragen, der 1484 von Kalkar nach Zwolle gezogen war. In den Jahren nach seinem

Tode 1492 beauftragten die Kalkarer mehrere Bildhauer, an die allerdings nur vereinzelte Arbeiten vergeben wurden. In diesem Jahr verhandelte die Bruderschaft Unserer Lieben Frauen vergebens mit den Malern Derik und Jan Baegert aus Wesel, wahrscheinlich über die Vergabe der Hochaltarflügel. Erst sechs Jahre nach Arnts Tod schuf Jan van Halderen (aus Rees?) 1498 zwei Probestücke für die Predella des Hochaltars, die wohl nicht den Erwartungen entsprachen. Einem Bildhauer aus dem hessischen Marburg, Ludwig Jupan, wurde kurz danach die Vollendung des Hochaltars (1498–1500) übertragen. 1503 erhielt Dries Holthuys aus Kleve den Auftrag für den Jakobusaltar. Henrik Bernts aus Wesel wurde 1505 für die Anfertigung des Chorgestühls verpflichtet. Da dieses Werk sehr zur Zufriedenheit ausfiel und auch Herstellung und Lieferung reibungslos verliefen, erhielt Bernts ebenfalls den Auftrag für den Marienleuchter. Da er während der Arbeit an diesem Werk verstarb, wurde das Projekt dem Kalkarer Bildhauer Kerstken van Ringenberg übertragen.

Der von Kleve nach Kalkar übergesiedelte, 1515 eingebürgerte Bildhauer Henrik Douverman erhielt 1518 den Auftrag für den großartigen Sieben-Schmerzen-Altar (1518–1521/22), der in der »Alten Sakristei« aufgestellt wurde. Obwohl Douverman nach der Fertigstellung dieses Altars noch ungefähr zwanzig Jahre in Kalkar lebte, scheint er hier jedoch keine wichtigen Aufträge mehr erhalten zu haben. Von einem Passionsaltar im Museum Schnütgen in Köln, der als Spätwerk des Künstlers gilt, ist vermutet worden, dass er Teil des Kalkarer Kreuzaltars vor dem Lettner war (▶ Abb. S. 32).

Der Übergang zur Renaissance wird im Werk eines anderen Bildhauers vollzogen: Arnt van Tricht, der zwischen 1535 und 1570 in Kalkar nachweisbar ist. Der Dreifaltigkeitsaltar (um 1535–1540) und der Johannesaltar (1541–1543) veranschaulichen mit ihrer Renaissanceornamentik und dem neuen Körpergefühl der Heiligenfiguren diesen Stilwandel. Nach 1550 entstehen keine bedeutenden Altäre oder Einrichtungsstücke mehr. Van Tricht strukturierte seine Werkstatt nun um und spezialisierte sich auf die Produktion von Sandsteinreliefs, vor allem für Epitaphien und den Bauschmuck von Schlössern und Herrensitzen. Eine Reliefplatte mit der Handwaschung des Pilatus in der Sakristei bildet für diese letzte Phase ein gutes Beispiel (▶ Abb. S. 28).

Neben den hier erwähnten Einrichtungsgegenständen hat es noch weitere Altäre und zahlreiche Einzelbildwerke gegeben, die im Laufe der Zeit, vor allem Anfang des 19. Jahrhunderts, abhanden gekommen sind. Mit der spätgotischen Ausstattung entstand ebenfalls die Verglasung der Fenster. Ein großer Besitz an Paramenten, ein Schatz an liturgischen Gefä-

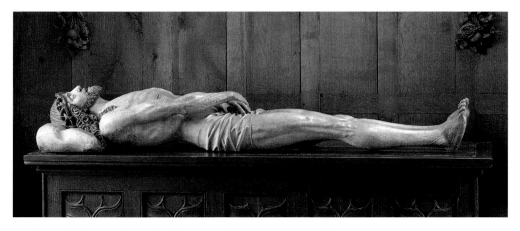

Meister Arnt, Christus im Grabe, 1487. Eichenholz mit Fassung aus dem 19. Jahrhundert

Arnt van Tricht, Handwaschung des Pilatus, um 1555.
Sandsteinrelief in der Sakristei

Die Ausstattung während und nach der Reformation – Niederländische Religionsflüchtlinge in Kalkar

Als Folge der schnellen Ausbreitung der Reformation in den Niederlanden und wegen des seit 1568 wütenden Krieges der Holländer gegen die katholischen Spanier wurde die Lage in den nördlichen Niederlanden für viele, die der katholischen Religion treu geblieben waren, besonders für die ehemaligen Regenten der Städte, immer unerträglicher.

Durch das Toleranzedikt von Herzog Johann III. (1531) entwickelte sich das unmittelbar an die Niederlande grenzende Herzogtum Kleve zu einem Zufluchtsort für politische und Glaubensflüchtlinge, was sehr oft zusammenfiel. In die meisten klevischen Städte, insbesondere nach Emmerich, Kalkar und Wesel, kamen mehr oder weniger wichtige Personen, die in den Niederlanden das Feld hatten räumen müssen. So erschien 1579 in Kalkar der katholische Bürgermeister von Nimwegen, Gerardt Kanis (Nimwegen 1534/38–1600 Nimwegen), der Bruder des berühmten Jesuitenheiligen Petrus Canisius, mit seiner Familie, weil seine Stellung in Nimwegen durch den Anschluss dieser Stadt an die Utrechter Union in demselben Jahre unhaltbar geworden war. Schon ein Jahr früher, 1578, war der aus Amsterdam geflohene letzte katholische Bürgermeister, Cornelis Jacobsz. Brouwer genannt Bam (Amsterdam 1512–1592 Kalkar) mit seiner Familie hierher ausgewichen. Bis 1630 sollte diese Amsterdamer Regentenfamilie in Kalkar eine wichtige Rolle spielen. Ihre Mitglieder hatten sowohl in der Stadt als auch in der Kirchenverwaltung bedeutende Ämter inne. Auch eine zweite Tradition wurde durch die Familie Brouwer gen. Bam in Kalkar fortgesetzt. Wie die Hauptkirche von Amsterdam, die »Oude Kerk«, wurde auch die neue Kalkarer Pfarrkirche, die ebenfalls dem hl. Nikolaus geweiht war, von der Familie mit kostbaren Stiftungen bedacht. Diese prägen noch heute die Kirchenausstattung und den Kirchenschatz.

Im Jahr 1619 schenkte der Sohn des Amsterdamer Altbürgermeisters, Nicolaas Hendrik

ßen und die Gegenstände der Bruderschaften und Gilden machten das Kirchengebäude zu einem wahren Schatzhaus.

Betrat der Gläubige in dieser Zeit die Kirche durch den Turmeingang, dann wurde der Raumeindruck vor allem durch den Lettner bestimmt, der den Hochchor dem Blick des Betrachters entzog. Die Altäre waren im östlichen Bereich des Kirchengebäudes konzentriert. Auf der Höhe des ersten freien Pfeilerpaars von Osten standen von der nördlichen Außenwand bis zur südlichen in einer Reihe vier Altäre nebeneinander: der Stephanusaltar, der Antoniusaltar, der Georgsaltar und der Annenaltar. Auf der Höhe des Lettners standen in einer Reihe fünf Altäre (von der Nordwand bis zur Südwand): der Katharinenaltar, der Sebastianusaltar, der Kreuzaltar (vor der Mitte des Lettners), der Jakobusaltar und der Crispinusaltar. Der Eingang zur »Alten Sakristei« im nördlichen Seitenschiff wurde beidseitig vom Olafsaltar und vom Eligiusaltar gerahmt. Nach der Aufgabe der »Alten Sakristei« und Öffnung derselben zum Schiff hin fand hier Douvermans Sieben-Schmerzen-Altar Aufstellung. Der Eingang zum Südchor wurde von dem Marienaltar und dem Dreifaltigkeitsaltar flankiert. In der Apsis des Südchores stand der Johannesaltar. Der Hochchor war dem imposanten Hochaltar und dem Chorgestühl vorbehalten.

Pieter Pietersz., Epitaph des Amsterdamer Bürgermeisters
Cornelis Brouwer gen. Bam, um 1575

Kirche ein Memorienepitaph (▶ Abb. links). Dieses Gemälde zeigt die Kreuzigung mit dem Bürgermeister und seiner Familie als Stifter. Es wurde früher dem Amsterdamer Maler Pieter Aertsen (Amsterdam 1507/8–1575 Amsterdam) zugeschrieben. Heute gilt es als Werk von dessen Sohn Pieter Pietersz. (1550–1612). Da es vor 1577 entstanden sein muss, hat es vielleicht noch kurze Zeit als Stiftung in der »Oude Kerk« zu Amsterdam gehangen. In der St. Nicolaikirche hatte es bis 1818 seinen Platz über dem Grabstein der Familie. Die Söhne stifteten noch weitere Werke, unter anderem ein Hausaltärchen aus ihrem Besitz mit den Bildnissen von Sybrant Pompeiusz. Occo (Amsterdam 1514–1588 Kalkar), fünfmaliger Amsterdamer Bürgermeister und Sohn des berühmten Bankiers und Humanisten Pompeius Occo, und seiner Frau Lisbeth Jakobsd. Brouwer (geb. Amsterdam 1521). Das Altärchen ist möglicherweise eine Arbeit aus der Werkstatt des

Brouwer gen. Bam, der Kirchenverwaltung und dem Pfarrer von St. Nicolai die große Monstranz, die 1549 bereits den Kirchenmeistern der »Oude Kerk« in Amsterdam gestiftet war (▶ Abb. rechts). Bürgermeister Cornelis Jacobsz. Brouwer gen. Bam, der auch Kirchmeister der »Oude Kerk« war, stiftete damals einen großen Saphir für die neue Monstranz, die auf dem Fuß sein Wappenschild trägt. Nach dem Machtwechsel in Amsterdam gaben die neuen Bürgermeister am 4. Oktober 1578 den Befehl, sämtliches Kirchensilber abzuliefern, um es einschmelzen zu lassen. In Amsterdam zurückgebliebene Bekannte konnten die Monstranz gegen den Metallwert loskaufen und gaben sie dem inzwischen in Kalkar im Exil weilenden Stifter zurück.

Beim Tode des Amsterdamer Bürgermeisters, der zusammen mit seiner Gattin in einem kleinen Grabkeller in St. Nicolai bestattet wurde, schenkten die Söhne im Jahr 1592 der

»Amsterdamer Monstranz«, 1543

29

Hausaltar der Familie Brouwer gen. Bam, 1559. Altarschrein mit einem Mechelner Altärchen mit Alabasterreliefs und gemalten Flügeln aus dem Umkreis des
Dirk Jacobsz.

Das 17. Jahrhundert

Die sehr verarmte und größtenteils katholisch
gebliebene Bevölkerung bedachte auch im
17. Jahrhundert die Stadtkirche mit frommen
Stiftungen, aber durch die schwierige wirtschaftliche Lage des inzwischen sowohl von
den Verkehrswegen zu Lande als auch zu Wasser abgeschnittenen Städtchens waren diese
nicht mehr mit der Qualität der spätmittelalterlichen Ausstattung vergleichbar. Als Beispiel sei das Triptychon mit einer Renaissanceädikula um eine gemalte Muttergottes im
Mittelschrein und zwei gemalten Flügeln mit
der Anbetung der Hirten und der Verkündigung über einem knienden Stifter erwähnt. In
der schwierigen wirtschaftlichen Lage liegt mit
großer Wahrscheinlichkeit auch der Grund
dafür, dass die ursprüngliche Einrichtung der
Kirche bewahrt geblieben ist: Geldmangel ver-
hinderte hier eine umfassende Barockisierung.

Ein wichtiger Einrichtungsgegenstand kam
gleich zu Beginn des Jahrhunderts in die Kirche:
es ist die 1657 gestiftete Kanzel, die 1804 durch

Amsterdamer Malers Dirk Jakobsz. (Amsterdam um 1497–1567 Amsterdam) und ist 1559
entstanden (▶ Abb. oben).

Nicolaas Henrik Cornelisz. Brouwer gen.
Bam stiftete sieben Jahre nach der großen
Monstranz, im Jahr 1626, dem Kirchenschatz
auch noch ein Ziborium. Auf seinen Tod am
4. Mai 1630 verweist eine Memorientafel mit
seinem Wappen und seiner Helmzier. An seinen Bruder Wessel und an dessen Ehefrau
Maria Buyck, die Tochter des Amsterdamer
Bürgermeisters Jakob Buyck, der nach Emmerich geflohen war, erinnert ein Antependium
mit den Wappen der Familien Brouwer gen.
Bam und Buyck.

Dank des Aufenthaltes der Amsterdamer Regentenfamilie Brouwer gen. Bam in Kalkar erhielt die St. Nicolaikirche in einer Zeit, in der
die Bürgerschaft kaum noch in der Lage war,
ihre Kirche zu beschenken, eine Anzahl wichtiger Kunstwerke, die zugleich die politisch-reli-
giösen Entwicklungen dieser Zeit dokumentie-
ren. So bildet die »Amsterdamer Monstranz«
den einzigen großen liturgischen Gegenstand
aus vorreformatorischer Zeit aus Amsterdam,
der die Zeiten überdauert hat.

Kanzel aus St. Nicolai, um 1600. Seit 1804 in der
Kath. Pfarrkirche St. Markus in Bedburg-Hau

Tausch gegen die Kanzel der Dominikaner aus der Kirche verschwand und sich heute in St. Markus zu Bedburg-Hau befindet (▶ Abb. S. 30). Allerdings gehört der Schalldeckel noch zu der ursprünglichen Kanzel von St. Nicolai. Bei den meisten im 17. Jahrhundert hinzugekommenen, teils gestifteten Werken handelt es sich um gemalte Altarflügel oder um die Bemalung bereits vorhandener Flügel für die spätmittelalterlichen Altäre. Ob diese seit ihrer Entstehung nicht bemalt waren oder ob sie inzwischen wegen Schäden durch Feuchtigkeit oder aus anderen Gründen erneuert werden mussten, entzieht sich unserer Kenntnis. Zu den Altären, die neue Flügel erhielten, zählte u. a. der Sieben-Schmerzen-Altar, merkwürdigerweise wieder mit einer Darstellung der Sieben Schmerzen Mariä. Derselbe Künstler, Hendrik 's Groten, bemalte auch die Flügel des Jakobusaltars mit dem Martyrium der beiden Apostel namens Jacobus. Zu dieser Zeit wurden, möglicherweise ebenfalls von 's Groten, die Flügel des Johannesaltars bemalt, ebenso wie die des Marienaltars von Ludwig Jupan (die Rosenkranzspende an die hl. Dominikus und Ignatius), welche 1818 entfernt wurden. Einer befindet sich inzwischen in der Kirche von Kalkar-Appeldorn, der andere ist verloren. Wieder in der Kirche befinden sich die aus der zweiten Häfte des 17. Jahrhunderts stammenden, nur auf den Innenseiten bemalten Flügel des Stephanusaltars (▶ S. 138, Nr. 23). Die Flügel des 1818 abgebrochenen und im Jahr 2000 rekonstruierten Crispinus- und Crispinianusaltars mit Darstellungen aus deren Vita, sind von dem um 1680 verstorbenen Vikar Johannes Venedien gestiftet. Auch der Dreifaltigkeitsaltar hat damals barocke Flügel erhalten.

1697 wurde, wie in den Kirchenrechnungen erwähnt wird, die Kreuzigungsgruppe erneuert. Mit diesem Auftrag müssen wahrscheinlich die Statuen von Maria und Johannes in Verbindung gebracht werden, die heute vor der Turmwand der südlichen Kapelle aufgestellt sind. Als Bildhauer wird Meister Nikolaus Alberts genannt, der aus Kalkar stammte und 1695 Bürger zu Kleve wurde. Er schuf 1696 die prächtige Barockkanzel für die Klever Minoritenkirche.

Außer diesen hier genannten Werken wurden im 17. Jahrhundert auch Kirchenbänke und anderes Mobiliar, z. B. Beichtstühle, in die Einrichtung aufgenommen.

Die 1683/94 als Ersatz für ihre mittelalterliche Vorgängerin gestiftete Orgel befand sich bis 1833 über dem Eingangsportal an der Südwand der Kirche, danach über dem Eingang des Westturmes, wo sie noch von C. F. Brandt fotografiert wurde, bevor sie 1869 als Teilzahlung für eine neue Orgel an den Orgelbauer Tibus in Rheinberg abgetreten wurde (▶ Abb. S. 37).

Das 18. Jahrhundert, in dem Kalkar noch tiefer in seine Isolierung versank, brachte für die Ausstattung der Kirche kaum Veränderungen. Nur einige sehr mittelmäßige Gemälde, wie das vom 1818 abgebrochenen Eligiusaltar stammende Bild mit der Verehrung des Kreuzes (heute im Pastorat), wurden – ebenso wie einige Kirchenmöbel – dem doch schon reichhaltigen Inventar hinzugefügt. Einige neue liturgische Gegenstände bereicherten jedoch den Kirchenschatz. Besondere Erwähnung verdient hier ein Ziborium des Silberschmieds Rabanus Raab (Kalkar 1654–1740/45), der in Kalkar ein blühendes Atelier betrieb.

Die Franzosenzeit und die Säkularisation 1794–1815

Mit dem Einzug der französischen Revolutionstruppen in Kalkar am 17. Oktober 1794 begann für die St. Nicolaikirche eine Epoche mit tief einschneidenden Ereignissen, die ungefähr fünfundzwanzig Jahre dauern sollte. Es scheint, dass die Stadtkirche zunächst wenig von der französischen Besatzung berührt wurde. Das wichtigste Ereignis war zweifellos die auf einen Beschluss der französischen Konsuln vom 9. Juni 1802 zurückzuführende Aufhebung aller Klöster, Kapitel und Stifte. Das bedeutete für Kalkar die Aufhebung des im Jahr 1455 durch die Witwe Herzog Adolfs I. von Kleve, Maria von Burgund, gestifteten Dominikanerklosters am Mittelgraben, des Birgittinenklosters Marienblom und des Augustinerinnenklosters St. Caecilien.

Predella mit den Passionsszenen aus der Werkstatt des Henrik Douverman, um 1535. Möglicherweise Teil des 1818 verkauften Kreuzaltares von St. Nicolai. Köln, Museum Schnütgen

Offiziell verteilte der Bischof – in diesem Falle der von Aachen, zu dessen Sprengel Kalkar damals gehörte – die ihm zur Verfügung gestellten Einrichtungsstücke der aufgelösten Klöster an andere Kirchen. Diese Regelung wurde jedoch oft umgangen. Vielfach wurden Teile des Inventars von Klosterinsassen, die nicht selten als Pfarrer oder Kapläne in einer benachbarten Pfarrkirche Unterkunft fanden, mitgenommen. Große Teile des Mobiliars der Kalkarer Klosterkirchen findet man in den Kirchen der Nachbardörfer wieder, vor allem die Einrichtungsgegenstände des Dominikanerklosters. Der letzte Prior dieses Klosters, Paulus van Laer, nahm den barocken Hochaltar, eine Anzahl von Gemälden, Statuen und Paramenten mit an seine neue Arbeitsstätte, die ehemalige Stiftskirche von Bedburg. Diese war durch die Säkularisation Pfarrkirche geworden und wurde ihrerseits ebenfalls ihres eigenen Mobiliars beraubt. Dieser Prior hatte die aus dem späten 16. Jahrhundert stammende Kanzel der Nicolaikirche gegen die der Dominikaner getauscht, so dass sich dieses wichtige Ausstattungsstück aus St. Nicolai heute in Bedburg be-

findet. Aber auch die Stadtkirche wurde bei der Aufhebung der Kalkarer Klöster reichlich bedacht, vor allem mit Werken aus der Dominikanerkirche, die eine künstlerisch sehr hochwertige Ausstattung gehabt haben muss. Ein Verzeichnis der aus dieser Kirche fortgeschafften Gegenstände ist leider nicht erhalten. Sicher ist, dass alle Werke in St. Nicolai von der Hand des Meisters des Kalkarer Annenaltars aus der säkularisierten Dominikanerkirche stammen: der Annenaltar (▶ S. 106), die Maria- und die Johannesfigur mit dem Kalvarienberg einer Triumphkreuzgruppe, von welcher der Kruzifixus 1807 in eine Dominikanerstation in Neerbosch bei Nimwegen gelangte (▶ S. 110), und der Christus auf dem Kalten Stein (▶ S. 149, Abb. S. 33). Der Meister des Kalkarer Annenaltars ist ein Bildhauer, dessen Œuvre am Niederrhein sich auf die Arbeiten für die Kalkarer Dominikanerkirche beschränkt. Seine Provenienz ist noch ungeklärt ebenso wie die Einordnung und genaue Datierung seiner Werke, die eine Monumentalität ausstrahlen, die sich von den meisten der am Niederrhein anzutreffenden Werke unterscheidet. Möglicherweise

Meister des Kalkarer Annenaltars, Christus auf dem Kalten Stein. Aus der ehemaligen Dominikanerkirche

hat er seine Ausbildung in einer Steinmetzwerkstatt erhalten. Neuerdings wurden die Werke des Meisters des Kalkarer Annenaltars mit den Skulpturen von Agnes und Katharina in St. Aldegundis in Emmerich in Zusammenhang gebracht. Es wurde vermutet, dass der Künstler identisch sei mit dem in den Emmericher Archiven erwähnten Bildhauer Meister Raben von Emmerich. Die stilistischen Unterschiede zwischen beiden Werkgruppen sind so groß, dass diese Vermutung zunächst als reine Hypothese betrachtet werden muss.

Auch die wichtigste frei stehende Skulptur von Henrik Douverman in St. Nicolai, die der hl. Maria Magdalena (▶ S. 143, Abb. S. 24),

stammt aus der Kirche der Dominikaner. Das lebensgroße Bildwerk der sehr modisch gekleideten Heiligen wurde eines der Wahrzeichen von St. Nicolai. Leider hat ein Pfarrer 1861 sowohl von der Figur der Maria Magdalena als auch von den Bildwerken von Maria und Johannes der Triumphkreuzgruppe die Fassung mit »Seifensiederlauge« entfernen lassen.

Im Vergleich zu den vielen bedeutenden Kunstwerken aus dem Dominikanerkloster sind aus den anderen säkularisierten Kalkarer Klöstern nur wenige nach St. Nicolai gelangt. Im Augustinerinnenkloster St. Cäcilien an der Kesselstraße hing das Gemälde mit der Kreuzigung Christi, das um 1520/25 in der Werkstatt eines unbekannten niederrheinisch-westfälischen Malers entstanden ist (▶ S. 139, Abb. S. 34). Aus der 1816 verkauften und später zu einem Wohnhaus umgebauten Gasthauskirche am Mittelgraben hinter dem Rathaus stammt die imposante Gruppe des hl. Georg mit dem Drachen (▶ S. 144, Abb. S. 145).

Das 19. Jahrhundert: Entdeckung und Wiederherstellung

Mit dem Abzug der französischen Besatzungstruppen im Jahr 1814 ging eine Epoche zu Ende, in der nicht nur verwaltungsmäßige, sondern vor allem auch durch die Säkularisation hervorgerufene finanzielle Veränderungen in der katholischen Kirche aufgetreten waren. Das Kirchengebäude von St. Nicolai war in den vergangenen zwanzig Jahren sehr verwahrlost, und die Altäre befanden sich zum größten Teil in einem beklagenswerten Zustand. Hinzu kam noch, dass die vielen neuen Einrichtungsstücke aus den aufgelösten Klöstern eine Neuordnung der Kirchenausstattung erforderlich machten. Unter dem 1815 neu ernannten Pfarrer Jakob Josef Deboeur (gest. Kalkar 1825) wurde mit einer durchgreifenden Erneuerung des Interieurs und des Kirchenbaues begonnen. Wahrscheinlich durch den schlechten Zustand des Bauwerks und den Mangel an finanziellen Mitteln genötigt, wurde unter dessen Pastorat 1818 bis 1826 ein Schatz an Paramen-

Niederrheinischer Meister, Kreuzigungstafel, um 1520/25. Aus dem ehem. Augustinerinnenkloster St. Cäcilien in Kalkar

ten, Kirchensilber, kupfernen Gegenständen, sogar ein geschnitzter und ein gemalter Altar verkauft. Dazu kamen noch zahlreiche frei stehende Skulpturen und Gruppen, die zum Teil aus den Altären stammten, welche zu dieser Zeit abgebrochen wurden. Ihre bemalten Flügel wurden mehrfach für andere Altarschreine passend hergerichtet. Einzelbildwerke aus den abgebrochenen Altären wurden meistens auf die an deren Stelle neu platzierten Retabel gestellt, wodurch ihr durch die Altarweihe bedingter historischer Ort sichtbar blieb und in einigen wenigen Fällen auch noch die historische Bezeichnung bewahrt wurde. Die überflüssigen Schreine sind meistens verkauft worden, ebenso wie zahlreiche Einzelbildwerke. Die Zahl der Altäre wurde so von fünfzehn auf acht verringert, wobei der erst 1802 in die Kirche gelangte Annenaltar eingeschlossen ist.

Die neue Einrichtung setzte der historisch gewachsenen Ausstattung der Kirche ein Ende. Durch die Auflösung von Gilden und Bruder-

schaften in der Franzosenzeit wurde auch die Bindung ihrer Altäre an den durch Altarweihe und Altarstiftungen bestimmten Ort aufgegeben. Hinzu kam, dass der Kirchenvorstand als Sachverwalter des Kirchenguts durch die großen Probleme bei der Instandhaltung der Kirche, bei ihrer Restaurierung und bei der Neueinrichtung nun nicht länger an die Interessengruppen gebunden war und relativ frei walten konnte. Erklärt sich der Abbruch der Lettner in den Stifts- und Kapitelkirchen mit der Auflösung der Klöster in der Franzosenzeit und ihrer Verwendung als Pfarrkirche, so ist der Abbruch des Lettners in St. Nicolai auf den Rückgang der Bruderschaft Unserer Lieben Frau zurückzuführen, die nicht länger mehr das Privileg für den Hochchor hinter dem Lettner beanspruchen konnte, so dass auch St. Nicolai für die neue Liturgieform hergerichtet werden musste.

Das Wegfallen von historischen Zwängen und religiösen Bestimmungen bedeutete für einige der verbleibenden Altäre allerdings der Beginn einer Wanderschaft, die vermutlich noch immer nicht beendet ist und die von den wechselhaften Einsichten der Denkmalpflege und den jeweiligen nachfolgenden Pfarrern und Kirchenvorständen bestimmt wird. Eingeleitet wurde dies alles 1818 durch die Beseitigung des Lettners, der in der Höhe des östlichsten Pfeilerpaares stand. Dadurch dass jetzt der Blick vom Schiff aus direkt auf den Hochaltar gerichtet war, wurde der Kreuzaltar – der alte Laienaltar – überflüssig, ja sogar hinderlich, so dass man ihn verkaufte. Auf diesem Altar war die Passion dargestellt. Möglicherweise ist er mit dem Werk aus der Werkstatt Henrik Douvermans im Kölner Museum Schnütgen identisch (▶ Abb. S. 32).

Die meisten Kunstgegenstände wurden an einen belgischen Kunsthändler, der alljährlich nach Kalkar kam, verkauft. Die schmiedeeisernen Stützen, die die schweren Doppelflügel des Hochaltars unterfingen, wurden in dieser Zeit nach England veräußert, sie waren durch die Erhöhung von Altarsockel und Kirchenboden unbrauchbar geworden. Die eingelassenen Grabplatten wurden aufgenommen und unter dem Westturm und in der südlichen Turmkapelle aufgestellt. Einen schmerzlichen Verlust erlitt die Kirche noch im Jahr 1826, als der Kirchenvorstand ein großes Triptychon mit der Heiligen Sippe an den Kunsthändler Johan Nicolie aus Antwerpen verkaufte. Als Grund für den Verkauf wurde der schlechte Zustand des Bildes angegeben. Das Triptychon, dessen Mitteltafel sich heute im Königlichen Museum für Schöne Künste zu Antwerpen befindet, ist das 1484 von der Kalkarer St. Annenbruderschaft bei Derik Baegert in Wesel in Auftrag gegebene Altarretabel, das der Maler 1492 abgeliefert hatte (▶ S. 48).

Nach all diesen Verkäufen war genügend Geld vorhanden, um die notwendigsten Arbeiten zur Wiederherstellung auszuführen: das Dach konnte repariert werden, der Chor wurde neu gepflastert und erhöht, die Kirche wurde geweißt. Die Restaurierungen in der Zeit um 1820 waren noch nicht durch großen Sachverstand oder durch Kenntnis der spätmittelalter-

lichen Kunst geleitet. Das sollte sich aber schon bald ändern. Die neue Würdigung und Schätzung der Kunst des Mittelalters in der Romantik führte schließlich zu einem bis heute nicht nachlassenden Interesse der Forschung und der Öffentlichkeit.

Zwei wichtige, gut dokumentierte Besuche in Kalkar im Jahr 1833 sind Hinweise auf das wachsende Interesse für die noch in großer Zahl vorhandenen Werke mittelalterlicher Kunst in dem verschlafenen Städtchen. Damals besuchten Sulpiz Boisserée (Köln 1783 bis 1854 Bonn), der bekannte Sammler mittelalterlicher Gemälde, und der kunstliebende preußische Kronprinz Friedrich Wilhelm, der spätere König Friedrich Wilhelm IV., die St. Nicolaikirche. Der Kronprinz blieb mehr als eine Stunde in der Kirche, um die Kunstschätze zu bewundern. Es scheinen besonders die bemalten Flügel des Hochaltars gewesen zu sein, die ihn fesselten. Bei einem zweiten Besuch in Kalkar 1836 – auf der Rückreise von Den Haag – verließ er seine auf dem Markt anhaltende Kutsche jedoch nicht, sondern versprach dem um einen erneuten Kirchenbesuch bittenden Bürgermeister, er werde bei nächster Gelegenheit die St. Nicolaikirche wieder besichtigen. Dieses Ereignis zeigt, dass sowohl von hochgestellter

Jan Stephan von Calcar (Kalkar 1499 –1546 Rom)

Johann Anton Ramboux, Bleistiftskizze des Marienleuchters, um 1847. Köln, Wallraf-Richartz-Museum

königlicher Seite, als auch von den Kalkarer
Bürgern den Kunstschätzen der Kirche große
Bedeutung zuerkannt wurde.

Im Jahr 1846 erschien auch die erste ausführliche Beschreibung des Inneren der Kirche in
Gustav von Velsens »Geschichte der Stadt
Cleve«. Der Autor widmete den Skulpturen besonderes Augenmerk und leistete damit eine
Pioniertat. Die meisten mittelalterlichen Gemälde schreibt er noch Jan Stephan von Calcar
zu, dem berühmten, 1546 in Rom gestorbenen
Schüler Tizians. Der Kirchenvorstand wurde
von verschiedenen Seiten gebeten, die Malereien restaurieren zu lassen. Man wandte sich
1845 zunächst an den in Kleve tätigen Maler
Franz Groen (Kleve 1798 – nach 1855), dem man
den Altar mit dem Marientod anvertraute. Am
22. Januar 1846 wurde diese Restaurierung auf
Befehl der Regierung in Düsseldorf abgebrochen, einige Monate später kamen der Direktor
der Berliner Museen, J. F. M. von Olfers, und der

Direktor der Königlichen Kunstakademie in
Düsseldorf, Friedrich Wilhelm von Schadow, in
Begleitung des Restaurators Peter Anton Büsen
nach Kalkar, wo sie feststellen wollten, welche
Gemälde von so großem Interesse waren, dass
sie auf Staatskosten restauriert werden müss-
ten. Man hielt nur die berühmten Flügel des
Hochaltars und – merkwürdigerweise – das Gemälde mit der Kreuzigung aus dem Augustinerinnenkloster St. Cäcilien für würdig, restauriert zu werden (▶ Abb. S. 34). Die Arbeiten
wurden von Dezember 1848 bis Oktober 1850
von Büsen persönlich ausgeführt.

Die anderen Kunstwerke von St. Nicolai
mussten auf Kosten des Kirchenvorstandes
restauriert werden, wie die Kommission nach
der Besichtigung der Kirche im Jahr 1846 mit-
geteilt hatte. Diesen großen Auftrag erhielt –
wahrscheinlich ebenfalls auf Empfehlung der
Kommission – Stanislas de Pereira, ein aus
Amsterdam stammender und in Neuwied
wohnender Restaurator, im April 1847. De Pereira reinigte alle Gemälde in der Kirche, auch
die Skulpturen der Altäre mit Ausnahme des
polychromierten Georgsaltars. Schließlich besuchte auch der gelehrte Professor Gottfried
Kinkel 1848 die Stadt Kalkar, und ein Jahr später
kam Johann Anton Ramboux, der 1843 zum
Konservator der Wallraf'schen Sammlung in
Köln ernannt worden war. Er hat in seinem
Skizzenbuch mit einigen Strichen Kunstwerke
von St. Nicolai festgehalten (▶ Abb. links).

Kurze Zeit später ist die Rede von den ersten,
in neugotischem Geschmack durchgeführten
Restaurierungen. Der an der Klever Stiftskirche
wirkende Maler Johann Stephan, unterstützt
von dem Kölner Dombaumeister Ernst Friedrich Zwirner, erneuerte und polychromierte
den Marienleuchter (1850) und das Sakramentshaus. Zugleich gab er Anweisungen – in
Anlehnung des von ihm in der Klever Stiftskirche befolgten Schemas – für die neue, vom traditionellen Weißkalken abweichende Ausmalung der Kirche, die schließlich unter seiner
Leitung ausgeführt wurde. Damals wurden die
Kirchenfenster auch neu verglast. Der berühmte spätnazarenische Maler Eduard von
Steinle (Wien 1810 – 1886 Frankfurt a. M.) lie-

Blick auf den Südchor mit den neugotischen Fenstern. Dort stand im 19. Jahrhundert der Annenaltar aus der Dominikanerkirche. Fotografie von C. F. Brandt, 1868

Das Mittelschiff nach Westen mit der alten Orgel. Fotografie von C. F. Brandt, 1868

ferte 1850 die Entwürfe für neue Fenster im Hochchor, im Südchor und in einigen Bereichen des Südschiffes. Sie wurden von der damals in ganz Europa tätigen Brüsseler Werkstatt von Jean Baptiste Capronnier (Paris 1814–1881 Brüssel-Schaerbeek) ausgeführt und sind 1945 verloren gegangen. Nach den 1868 entstandenen Fotografien von Carl Friedrich Brandt zu urteilen, waren wesentliche Teile der Fenster klar oder mit einem schlichten geometrischen Muster versehen. Die figürliche Dekoration beschränkte sich auf die obere Fensterzone. Im Fenster über dem Hochaltar waren unter Baldachinen drei Heilige dargestellt, vermutlich die Kirchenpatrone. Im Südchor, in dem zu dieser Zeit der Annenaltar stand, war in der unteren Fensterzone ein(e) Heilige(r) unter einem hohen Baldachin zu sehen. Auf den historischen Fotos vermitteln die Fenster den Eindruck, im Einklang mit der spätgotischen Architektur zu stehen. Dennoch beschwerte sich Kaplan Wolff 1880 in dem Vorwort zu seinem Buch über die »durch die colorirten Glasfenster geschwächte Beleuchtung«, die die Arbeit des

Fotografen Brandt im Jahr 1868 schwer gemacht habe und ihn veranlasste, mehr als sechzig der neunzig Aufnahmen draußen zu fertigen.

Nach den flüchtigen Skizzen von Ramboux folgen die genauen Umrisslithographien von Altären, Sakramentshaus und Kirchenschatz in Ernst aus 'm Weerths Werk »Denkmäler des christlichen Mittelalters in den Rheinlanden« (1857). Von nun an sollte vor allem durch Forschungen in den glücklicherweise reich erhalten gebliebenen Archiven der Kirche und der Bruderschaften ein nicht abreißender Strom von Veröffentlichungen Licht auf die Entstehungsgeschichte der Kirche und ihrer Ausstattung werfen. Die erste stammt von J. B. Nordhoff (1868), aber es ist vor allem der 1816 in Kalkar geborene und von 1851 an als Vikar an der St. Nicolaikirche tätige Johannes Anton Wolff (gestorben Kalkar 1888), der ein großes Interesse für die Kirche außerhalb der Stadt erweckte. Er wusste 1868 Graf Max von Loe als Mäzen zu gewinnen, der den damals berühmten Flensburger Fotografen Carl Friedrich

Brandt nach Kalkar holte, um eine Serie von 90 Lichtbildern anzufertigen, die als Kassette seiner ersten Monografie über die Kirche beigelegt wurde (1880 in einer beschränkten Auflage erschienen).

1868 wurde die barocke Orgel, die sich seit 1836 auf einer Empore an der Ostwand des Turmes befand, durch eine neue des Rheinberger Orgelbauers Bernhard Tibus ersetzt. Der Kölner Architekt Heinrich Wiethase (1833–1893) entwarf das neugotische Orgelgehäuse, das von den in Kempen tätigen Gebrüdern Kramer ausgeführt wurde. Die neue Orgel wurde wieder auf ihrem alten Platz über dem Südportal angebracht. Somit konnte die nun überflüssige Orgelempore, die den Blick aus der Turmhalle in das Kirchenschiff versperrte, abgebrochen werden.

Um die Jahrhundertwende folgte unter Aufsicht des Provinzialkonservators der Rheinprovinz eine systematische Reinigung und Restaurierung aller Altäre. Die geschnitzten Teile wurden im Atelier des Gocher Bildhauers Ferdinand Langenberg (1849–1931) behandelt, der sich jedoch nicht nur auf eine reine Instandsetzung beschränkte, sondern auch nach dem Geschmack der Zeit Stücke hinzufügte oder sogar veränderte. So wurde die Pietà aus Sandstein, die 1818 als Ersatz für das schon 1811 entfernte Vesperbild des Sieben-Schmerzen-Altars gekauft und wegen des Ensembles holzfarbig bemalt worden war, durch ein neugotisches Bildwerk ersetzt (1900). Noch weiter gingen Langenbergs Zufügungen und Eingriffe am Annenaltar und an der Skulptur »Christus auf dem Kalten Stein«.

Neue, aufgrund veränderter Religiosität hinzugefügte Einrichtungsstücke sind unter anderem die gegen Ende des Jahrhunderts von Ferdinand Langenberg geschaffenen vierzehn Kreuzwegstationen und die Kommunionbank. Hier bewies der Bildhauer, dass er über profunde Kenntnisse des Stils der Kalkarer Altäre verfügte, den er mit neugotischen Stilelementen zu verschmelzen verstand. Die hier erwiesenen Fachkenntnisse ließen keinen Zweifel an seiner Eignung für die bevorstehende Restaurierung der Altäre.

Das 20. Jahrhundert: Erforschung, Zerstörung, Wiederherstellung, Restaurierung und Neueinrichtung

Zu Anfang des 20. Jahrhunderts gab es eine weitere, große bauliche Veränderung. Am 22. Oktober 1918 brannte der imposante mittelalterliche Turmhelm von 1526, der nach einem Brand im Jahr 1766 erneuert worden war, nieder. Fast sechzig Jahre krönte dann eine kleine Laube für die Westminsterglocke den Turm, bis 1976 wieder ein großer Helm errichtet wurde.

Nach der Restaurierung von 1900 blieb die Ausstattung der Kirche bis zum Zweiten Weltkrieg fast unverändert. Die meisten Skulpturen waren während des Krieges rechtzeitig nach Westfalen gebracht worden, so dass – im Gegensatz zu Kleve – keine Verluste zu beklagen sind. Der Kirchenbau wurde nur leicht beschädigt, und in den ersten Nachkriegsjahren richtete man alle Aufmerksamkeit auf seine Instandsetzung. Die Mauern des Südchores, vier Gewölbe im Südschiff, dessen Dach zur Hälfte zerstört war und zwei Gewölbe im Nordschiff wurden wiederhergestellt.

Seit ihrer Gründung 1953 konzentriert sich die Restaurierungswerkstatt des Landeskonservators Rheinland in Bonn (jetzt LVR-Amt für Denkmalpflege im Rheinland, seit 1980 in der Abtei Brauweiler untergebracht) auf eine systematische Restaurierung und Konservierung der Einrichtung. Diese gipfelte in einer besonderen Aufmerksamkeit für die ursprüngliche Bemalung vieler Skulpturen und in der naturwissenschaftlichen Untersuchung der Hochaltarflügel des Jan Joest. Die methodische Beschäftigung mit mittelalterlicher Fassung ermöglichte die Ausstellung »Farbige Bildwerke des Mittelalters im Rheinland« in Bonn 1967. Dazu erschien ein gleichnamiges Handbuch, verfasst von dem Restaurator Ernst Willemsen, der bis zu seinem Tode 1971 die Werkstatt geleitet hatte, und ebenso wie Co-Autor Hans Peter Hilger einen Schwerpunkt seiner Arbeit in St. Nicolai sah. Ihre Begeisterung für die Erforschung und die Freilegung der originalen Fassungen führten manchmal zu Entscheidungen, die möglicherweise aus heutiger Sicht nicht mehr getroffen würden, z. B. die Entfernung der neugotischen Fassung des Marienleuchters, die 1850 von Johann Stephan aus Köln angebracht worden war, zugunsten einer Freilegung der Skulptur, für die es keine ausreichende historische Begründung gab.

Die Neuordnung des Kircheninteriéurs um 1970 ging von der zentralen Stellung des von Alfred Sabisch 1965 geschaffenen Zelebrationsaltars aus, der, den Auffassungen des Zweiten Vatikanischen Konzils entsprechend, den liturgischen und optischen Mittelpunkt des Kirchenraums bildete und keine Nebenaltäre zuließ. Dies hatte zur Folge, dass die in dieser Zeit versetzten oder neu aufgestellten Altäre schlichte Zementsockel erhielten. Die beiden Altäre des Arnt van Tricht wurden damals ein Joch nach Westen versetzt. Der rekonstruierte Jakobusaltar und der Annenaltar kamen an ihre Stelle.

Restaurierung und Neueinrichtung 1993–2000

Am 24. Mai 1993 stürzte in Goch am Niederrhein der spätgotische Turm der katholischen Pfarrkirche St. Maria Magdalena ein. Ohne dass jemand im Vorfeld auf eine eventuelle Einsturzgefahr aufmerksam geworden war, brach der Turm mitten in der Nacht zusammen, so wie der Campanile von St. Marco in Venedig im Jahr 1906, dort allerdings mit einigen Fotografen als Zeugen, da die Katastrophe sich, anders als in Goch, angekündigt hatte. Bei der anschließenden Inspektion aller Kirchen im Bistum Münster wurden in St. Nicolai in Kalkar so gravierende Schäden an den Gewölben, am Mauerwerk und am Dachstuhl entdeckt, dass eine umfassende Restaurierung beschlossen werden musste, um weiteren schweren Folgen in nächster Zukunft vorzubeugen. Diese Restaurierung unter der Leitung des Weseler Architekturbüros Paul Eling wurde am 10. Dezember 2000 mit einer Neueinweihung der Kirche abgeschlossen. Die fast vier Jahre dauernde Schließung wurden vom Kirchenvorstand von St. Nicolai und Pfarrer Robert Mer-

tens dazu genutzt, über den Umgang mit dem historischen Erbe nachzudenken und eine Neueinrichtung zu planen. Dies war wohl der größte Eingriff nach der Neuaufstellung von 1818, die dem Abbruch des Lettners folgte.

Während der Restaurierung wurden im Auftrag der Denkmalpflege Ausgrabungen durchgeführt, die möglich waren, da wegen des neuen Heizungssystems der Fußboden aufgebrochen werden musste. Wichtige Erkenntnisse über den Vorgängerbau der heutigen Pfarrkirche konnten ans Tageslicht gebracht werden. Es wurden Reste einer stattlichen dreischiffigen Basilika mit einem Südportal und einem Südtransept im Bereich des heutigen Mittelschiffes freigelegt. Auch hinsichtlich der Architekturkonstruktion und des Mauerwerks wurden neue Einsichten gewonnen.

Die wichtigste Änderung in der Kirche betraf aber die Neuaufstellung der großen Altäre, die von ihren historischen Standorten – wenn man die Anordnung seit 1818, die für die Neueinrichtung der Sechziger- und Siebzigerjahre des 20. Jahrhunderts maßgeblich war, so nennen darf – an die markanten Rundpfeiler des Mittelschiffes umgesetzt wurden. Die Altäre stehen nun auf Mensen (Altartischen) mit Stufen und damit wesentlich höher als früher. Der Charakter der neuen, historisierenden Mensen aus hellem Sandstein knüpft an den neugotischen Stil derer an, die bei der Restaurierung von 1900 aufgestellt wurden. Die Einrichtung von Hoch- und Südchor wurde nicht verändert. Auch der Georgsaltar und der Marienaltar blieben an ihrem Platz, an den Pfeilern am Eingang des Chores, stehen. An den drei an der Nordseite des Mittelschiffes nach Westen vorgelagerten Säulen wurden der neu rekonstruierte Crispinus- und Crispinianusaltar, der Dreifaltigkeitsaltar des Arnt van Tricht und der um 1970 rekonstruierte Jakobusaltar aufgestellt. An der Südseite wurden von Osten nach Westen der Annenaltar, die Kanzel, die bereits hier stand, und der Johannesaltar des Arnt van Tricht aufgestellt.

Durch diese sich über die Tradition der historisch gewachsenen Anordnung hinwegsetzende Neuaufstellung wird der Eindruck vom

Reichtum der Ausstattung des Kirchenraumes verstärkt. Betritt der Besucher durch das Gitter im Portal unter dem Westturm den Hallenraum, dann empfindet er die Aufstellung der Altäre an den Säulen des Mittelschiffes als eine Hinführung auf den dominierenden Hochaltar im Kirchenchor, der gleichzeitig der einzige Altar in der Kirche ist, der sich noch an seiner ursprünglichen Stelle befindet.

Durch die Neuanordnung von fünf der großen Altäre im Mittelschiff wurde in den Seitenschiffen Platz frei, vor allem an der Nord- und Südwand der Kirche, der für die Aufstellung von Einzelkunstwerken genutzt wurde. So gelangte die Statue des hl. Georg, die an dem Pfeiler vor dem Georgsaltar platziert war, nun an die nördliche Außenwand, an die ehemalige Stelle des Johannesaltars. Durch die hier und im südlichen Seitenschiff parallel mit der Außenwand verlaufende Einrichtung wirkt der Kirchenraum offener als zuvor. Dieser Eindruck wird noch verstärkt durch die hohen Mensen, wodurch die Altäre im Mittelschiff insgesamt imposanter wirken als dies bei der vorigen Einrichtung der Fall war.

Mit der Neueinrichtung des Jahres 2000 wurde die von der Denkmalpflege in den Sechziger- und Siebzigerjahren des letzten Jahrhunderts durchgeführte Neueinrichtung Geschichte. Ein großer Gewinn für die Ausstattung der Kirche bedeutet die in der ursprünglichen Form restaurierte und wieder hergestellte, eindrucksvolle Skulptur des »Christus auf dem Kalten Stein« des Meisters des Kalkarer Annenaltars. Anlass war die 1997 erfolgte Rückkehr der ursprünglichen, vor Schmerz verkrampften linken Hand der Figur. Diese wurde um 1900 wegen der realistischen Darstellung als zu drastisch empfunden und durch eine glatte, nichtssagende Hand des Gocher Bildhauers Ferdinand Langenberg ersetzt, während das Original in Privatbesitz gelangte.

Bei der Restaurierung und Neueinrichtung in den Jahren 1997 bis 2000 wurden auch einige wichtige moderne Kunstwerke aufgestellt. Ersetzt wurde der 1965 von dem Kalkarer Bildhauer Alfred Sabisch geschaffene Altar aus Veroneser Marmor (heute in der Pfarrkirche von Louisendorf) durch einen neuen aus schwarzem afrikanischen Granit, entworfen von Erwin Heerich (Kassel 1922–2004 Meerbusch-Osterath). Dieser Altar besticht durch die stark geometrisch bestimmte Form, die durch zwei Grundelemente gebildet wird: Quader und Zylinder durchdringen und vermischen sich, aufgeschlitzt, zu einer neuen Rechteckform. Der Altar, der in der bewussten Betonung der Vertikale das Aufstrebende der gotischen Architektur aufnimmt, soll nicht in Konkurrenz zu den spätmittelalterlichen Altären treten und als Tisch den schlichten, zeitgemäßen Mittelpunkt der Gemeinde bei der gemeinsamen Liturgiefeier in der Stadtpfarrkirche bilden.

2007 wurde in der südlichen Turmkapelle nach Entwürfen von der Kölner Architektin Ingrid Bussenius eine Schatzkammer eingerichtet. Hier werden die bis dahin in der Sakristei aufbewahrten Messgewänder und liturgischen Geräte in Vitrinen ständig präsentiert. So viele spätgotische Kelche sieht man selten versammelt, genauso wie die Monstranzen Kalkars herausragend sind. Beachtenswert dort ebenso die Kreuzreliquie und die kleine Bischofsbüste in zeitgenössischer Fassung.

In der Sakramentskapelle wurden neben der in einem 1980 von Ulrich Henn ausgeführten Gehäuse präsentierten Amsterdamer Monstranz die Goldene Madonna des Meisters Arnt und eine neu gestiftete Pfingstikone aufgestellt. Die Pfingstikone bildet einen Hinweis auf die 2005 neueingerichtete Kalkarer Pfarre Hl. Geist, zu der jetzt St. Nicolai als Pfarrkirche gehört. Wechseln musste die steinerne Madonna und das kleine Hausaltärchen der Familie Bam.

An der Außenwand des nördlichen Seitenschiffs werden zwei Altarflügel mit den Aposteln Simon und Judas mit zwei Stiftern erstmalig in der Kirche präsentiert. Im südlichen Seitenschiff sind die Flügel des ehemaligen Stephanusaltares, eine derbe Malerei aus dem 17. Jahrhundert, neu hinzugekommen.

Blick durch das nördliche Seitenschiff nach Osten. An den Pfeilern stehen (von vorne nach hinten) der hl. Rochus, der Dreifaltigkeitsaltar, der Crispinus- und Crispinianusaltar und der Georgsaltar

Die ursprünglichen Altäre

Die Aufstellung der Altäre vor 1818

Auskunft über die spätmittelalterliche Aufstellung der Altäre geben die Notizen, die der Sekretär des Kirchenrates 1818 vor der großen Umstrukturierung des Kircheninventars gemacht hat. Er notierte damals fünfzehn der ursprünglich siebzehn Altäre. Seine Notizen sind in der Chronik des Landdechanten Janssen von 1847 im Kirchenarchiv enthalten.

Zwei Altäre sind bereits gegen Ende des 17. Jahrhunderts oder im 18. Jahrhundert abgerissen worden, und zwar der Andreasaltar von 1486, der auf dem Lettner stand, und der Olafsaltar von 1485, der an der nördlichen Außenwand, vor dem Eingang zum Nordchor, platziert war.

Die Altäre waren im östlichen Bereich des Raumes konzentriert, wo sie in zwei Jochen die volle Breite einnahmen. Im Hochchor, östlich des Lettners, befand sich der Hochaltar, der für die normalen Pfarrangehörigen aus dem Kirchenschiff heraus kaum erkennbar war. Der Hochchor war für den Klerus, die Vikare und für die Mitglieder der Bruderschaft Unserer Lieben Frau reserviert, die im Chorgestühl zur musikalischen Begleitung der Liturgie Platz nehmen durften. Im Nordchor (der ehemaligen Sakristei) stand seit 1521/1522 der Sieben-Schmerzen-Altar des Henrik Douverman. Er reichte bis an das Gewölbe dieses Kapellenraumes, der viel niedriger als die Kirchenhalle ist. An der Westseite der Trennungswand zum Nordschiff hin standen der Olafsaltar und der Eligiusaltar. Im Südchor befand sich bis 1818 der Johannesaltar des Arnt van Tricht. Den Eingang zum Südchor markierten der Dreifaltigkeitsaltar des Arnt van Tricht, an der Außenwand, und der Marienaltar des Ludwig Jupan, an der Chorseite.

Im Joch vor dem Lettner standen im Nordschiff, Mittelschiff und Südschiff der Katharinenaltar, der Sebastianusaltar, der Kreuzaltar, der Jakobusaltar und der Crispinusaltar. Im nächsten Joch nach Westen waren der Stephanusaltar, der Antoniusaltar, der Georgsaltar und der Annenaltar aufgestellt.

Übersicht der ursprünglichen Altäre

▶ Schema S. 45

1 HOCHALTAR

1488–1508/09. Altarweihe 1518. Altaraufsatz von den Bildhauern Meister Arnt, Jan van Halderen, Ludwig Jupan und dem Maler Jan Joest. Dem Kirchenpatron, dem hl. Nikolaus, geweiht. Im 18. Jahrhundert wird die hl. Agnes als zweite Patronin genannt. Als einziger Altar steht er noch an der ursprünglichen Stelle. Bis 1818 bekrönte die Figur des Kirchenpatrons den Auszug des Altars. Heute steht diese neben dem Altar unter einem spätgotischen Baldachin der ursprünglich zum Antoniusaltar gehörte. 1818 wurde an seiner Stelle ein Kielbogen des Katharinenaltars platziert, der 2000 erneut hier angebracht wurde.

Nach 1818 wurden die von Jan Joest bemalten Schiebetüren der Predella (ein Ersatz für Flügel) verkauft, sowie die schmiedeeisernen Stützen dieser Türen, die nach England gelangten.

▶ Beschreibung S. 65

2 SIEBEN-SCHMERZEN-ALTAR

1518–1521/22. Altaraufsatz von Henrik Douverman. Ursprünglich ohne Flügel, aufgestellt in der »Alten Sakristei« (Nordchor, der heutigen »Anbetungskapelle«). Der neue Sieben-Schmerzen-Altar wurde 1522 geweiht. 1899 Neuaufstellung im Südchor.

▶ Beschreibung S. 93

3 JOHANNESALTAR

1541–1543. Altarweihe 1364. Altaraufsatz von Arnt van Tricht. Bis 1818 im Südchor, der auch

»Johannischörchen« genannt wurde. Die ursprüngliche Muttergottesfigur (▶ Abb. S. 105) wurde im frühen 19. Jahrhundert verkauft, und ist 1945 als Bestand des Germanischen Nationalmuseums in Nürnberg verbrannt.

▶ Beschreibung S. 103

4 OLAFSALTAR

Erwähnt 1485 und zuletzt 1779. Möglicherweise im 17. Jahrhundert vereinigt mit dem Stephanusaltar. An der Nordseite der Westwand des Nordchores. Der hl. Olaf war ein norwegischer König, geboren um 990, in Rouen zum Christen getauft und 1030 bei der Christianisierung seines Landes gefallen. Er wurde durch Schiffer und Händler verehrt. Sein Kult verbreitete sich vor allem durch die Hanse.

5 ELIGIUSALTAR

1404 erstmals erwähnt. 1493 von Christina 's Beren aus Kalkar gestiftet. Am Eingang des Nordchores. Im 18. Jahrhundert abgebrochen. Das barocke Altarbild mit der Kreuzerhebung ist erhalten. Neben dem Altar befand sich in einer Nische in der Wand des Chores die Skulptur des hl. Eligius mit einem Hammer in der Hand. 1818 wurde er beseitigt und ist seitdem verschollen. Der hl. Eligius war der Patron der Schmiedegilde, zu der in Kalkar auch die Silber- und Goldschmiede zählten.

6 MARIENALTAR

Erstmals erwähnt 1351. Altaraufsatz von Ludwig Jupan von Marburg, 1505/06. Barocke Flügelgemälde mit Dominikus und Ignatius aus dem 17. Jahrhundert erhalten.

▶ Beschreibung S. 87

7 DREIFALTIGKEITSALTAR

1518 von Sybert van Riswick gestiftet, aufgestellt am Eingang des Johannischores. Altaraufsatz 1535–1540 von Arnt van Tricht. Altarflügel aus der Mitte des 17. Jahrhunderts.

▶ Beschreibung S. 101

8 KATHARINENALTAR

Erstmals erwähnt 1349. 1462 wurde auf dem Katharinenaltar eine Vikarie gestiftet. Nebenpatron war der hl. Severus. Der Katharinenaltar stand bis zu seinem Abbruch an der Nordwand des nördlichen Seitenschiffes am vorletzten, östlichen Pfeilervorsprung. 1818 zerlegt, nur Teile davon sind erhalten, der Rest ist verschollen. Großer Flügelschrein mit den Statuen der Heiligen Katharina, Severus, Antonius, Jakobus, Viktor und Jodokus. Ein Laubwerkbogen ist erhalten (nach 1818 bis ca. 1965 als Abschluss auf dem Auszug des Hochaltars, ursprüngliche Vergoldung unter späterer Fassung). Nur die Skulpturen des hl. Severus (heute die Mittelfigur des Johannesaltars, ▶ Beschreibung S. 103) und des hl. Jodokus (heute im Südchor, ▶ Beschreibung S. 141) sind erhalten. Auch die Predella ist vermutlich erhalten geblieben und befand sich bis zur Restaurierung 1997 bis 2000 an der ursprünglichen Stelle, unterhalb des Johannesaltars. Sie wurde durch mehrere, sogenannte »Besloten Hofjes« gebildet. Mit dem Johannesaltar wurde die Predella 2000 am vorletzten Westpfeiler des Mittelschiffes platziert

Hl. Severus, aus dem ehem. Katharinenaltar. Kerstken van Ringenberg zugeschrieben

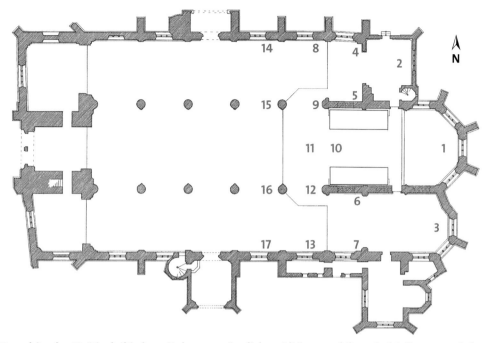

Grundriss der St. Nicolaikirche mit den ursprünglichen Altären und ihrer Aufstellung vor 1818

1	Hochaltar	7	Dreifaltigkeitsaltar	13	Crispinus- und
2	Sieben-Schmerzen-Altar	8	Katharinenaltar		Crispinianusaltar
3	Johannesaltar	9	Sebastianusaltar	14	Stephanusaltar
4	Olafsaltar	10	Andreasaltar	15	Antoniusaltar
5	Eligiusaltar	11	Kreuzaltar	16	Georgsaltar
6	Marienaltar	12	Jakobusaltar	17	Annenaltar

(▶ Beschreibung S. 105). Die Flügel des Katharinenaltars sind seit 1818 verschollen.

9 Sebastianusaltar

1450 wurde auf dem Sebastianusaltar eine Vikarie gestiftet. Der Altaraufsatz stand bis 1818 an dem ersten Pfeiler der Nordseite des Langhauses, dort wo heute der Georgsaltar steht, 1818 zerlegt, teilweise verschollen. Ursprünglich viereckiger Schrein mit Bildwerken von den Heiligen Sebastianus, Andreas, Hubertus und Jodokus. Aus dem Schreingehäuse, in dem ähnlich wie beim Jakobus- sowie beim Crispinus- und Crispinianusaltar die Figuren nebeneinander aufgestellt waren, haben sich die kleinen Skulpturen der hl. Andreas und hl. Jodokus erhalten, die durch die gut bewahrte Fassung bestechen

und aus dem Atelier des Dries Holthuys in Kleve, um 1490/1500, stammen. Die ursprünglichen Flügel des Sebastianusaltars mit der Legende des Heiligen, niederrheinisch um 1525, befinden sich heute am Marienaltar des Ludwig Jupan (▶ Beschreibung S. 90). Die Predella mit den Brustbildern des Salvators und sechs Heiligen, eine Arbeit der Maler Derik und Jan Baegert aus Wesel, blieb an der ursprünglichen Stelle und fungiert heute als Predella des Georgsaltars (▶ Abb. S. 46, Beschreibung S. 63). Nach J. A. Wolff gehörte zum Untersatz des Altars auch die geschnitzte Predella mit der Beweinung Christi, dem Martyrium des hl. Erasmus und der Messe des hl. Gregors, die sich heute unterhalb des 1818 hierhin umgesetzten Georgsaltars an der ursprünglichen Stelle befindet.

Derik und Jan Baegert, Predella des ehem. Sebastianusaltars: links hll. Augustinus, Agatha, Andreas, in der Mitte Christus als Salvator, und rechts hll. Agnes, Laurentius und Lucia

10 ANDREASALTAR

1486 eine Vikariestiftung auf dem neuen Altar. Ursprünglich aufgestellt auf dem Lettner. Vermutlich bereits 1616 abgebrochen, da die Vikarie auf den Antoniusaltar verlegt war.

11 KREUZALTAR

Vor dem Lettner. Eine erste Vikarie wurde 1445 gestiftet. Dies stimmt mit dem Baufortschritt überein, so dass es anzunehmen ist, dass der erste Altaraufsatz um 1450 errichtet wurde. Ursprünglich stand hier ein Retabel mit einer

Kreuzigungsgruppe. Über das ursprüngliche Aussehen des Altars ist viel spekuliert worden. Er stand bis 1509 direkt vor dem Lettner. In jenem Jahr wurde er etwas nach Westen verschoben, da zwischen Altar und Lettner eine neue hölzerne Treppe platziert wurde, um den Sängern den Zugang zur Lettnerbühne zu erleichtern. In diesem Jahr fertigte der Schmied Henrik von Dinslacken zwei Gitter für die Türen im Lettner links und rechts des Kreuzaltars an. Auf dieser Bühne stand die Statue des Kirchenpatrons, des hl. Nikolaus, der 1508 von

Predella des ehem. Sebastianusaltares: Hl. Augustinus

Predella des ehem. Sebastianusaltares: Christus Salvator

Arnt Duerkoep neu bemalt und gefirnisst wurde. Bis zum Abbruch 1818 standen auf dem Lettner laut Wolff die zwölf Apostel (▶ S. 134), die anschließend auf dem Baldachin des Chorgestühls aufgestellt wurden. Nach der Beschreibung von Wolff befand sich auf der Mensa des Kreuzaltars ein »Untersatz« mit drei Nischen, darin drei Gruppen mit Szenen aus dem Leben Jesu, unter anderem die Geburt Christi. Darüber ein viereckiger Schrein mit unbemalten Flügeln, mit einer Darstellung der Kreuzigung in unbemaltem Eichenholz. Darüber befand sich der oben bereits erwähnte Baldachin mit dem hl. Nikolaus.

Als möglicher Teil des Kreuzaltars wurde von Wolff auch die Predella des Georgsaltars aus der Werkstatt des Ludwig Jupan genannt. Nach alter Tradition soll ein kastenartiger Schrein mit drei Fächern im Museum Schnütgen in Köln aus Kalkar stammen und einen Teil des ehemaligen Kreuzaltars gebildet haben. Der Altar ist um 1535 entstanden und gilt als Spätwerk des Henrik Douverman (▶ Abb. S. 32).

12 Jakobusaltar

Erstmals erwähnt 1386. 1503 Gründung eines Offiz durch Elisabeth, Witwe des Johannes Becker. Ursprünglich war er am südlichen Choreingang aufgestellt. Bis 1818 Schrein mit Jakobus und den Heiligen Petrus und Mattäus, angefertigt in der Werkstatt des Klever Bilhauers Dries Holthuys. Flügel von Hendrik 's Groten, um 1630/40. Um 1970 rekonstruiert.
▶ Beschreibung S. 83

13 Crispinus- und Crispinianusaltar

1519 wurde auf dem damals bereits bestehenden Altar ein Offiz gestiftet. Der rechteckige Schrein mit den Patronen und der Muttergottes stand bis 1818 an dem ersten Mauervorsprung der Außenwand des südlichen Seitenschiffes. Die Predella wurde 1847 auf den Johannesaltar versetzt. Flügel gestiftet von Heinrich Venedien, um 1680. 1818 abgebrochen, 2000 rekonstruiert. Die ursprüngliche Muttergottes ist verloren.
▶ Beschreibung S. 85

14 Stephanusaltar

Erstmals erwähnt 1561/62. Möglicherweise im 17. Jahrhundert vereinigt mit dem Olafsaltar. Der Altar existierte noch 1818. Aufgestellt im Nordschiff am zweiten Mauervorsprung von Osten. Viereckiger Schrein mit vier Bildwerken. Die Flügel befanden sich 1892 im »Johannischörchen« (= Südchor) und werden heute im südlichen Seitenschiff gezeigt. Sie stammen aus der Mitte des 17. Jahrhunderts und zeigen innen links die Predigt und rechts die Steinigung des hl. Stephanus.
▶ Beschreibung S. 138

Baldachin des ehem. Antoniusaltars

15 ANTONIUSALTAR

Erstmals erwähnt 1446. 1458 Weihe eines neuen Antoniusaltars. Altaraufsatz Meister des Kalkarer Marientodes, 1460. Ursprünglich aufgestellt am zweiten Pfeiler von Osten an der Nordseite des Kirchenschiffes. Triptychon mit dem Marientod und Szenen aus der Vita des hl. Antonius. Auf dem Schrein ein Baldachin (▸ Abb. S. 47, heute im Hochchor als Gehäuse des hl. Nikolaus) mit dem hl. Antonius.

▸ Beschreibung S. 51

16 GEORGSALTAR

1455 gegründet. Altaraufsatz von Meister Arnt, 1484, gestiftet von Bürgermeister Peter Ghiesen. Er stand bis 1818 am zweiten Pfeiler von Osten an der Südseite des Mittelschiffes.

▸ Beschreibung S. 54

17 ANNENALTAR

1484 gegründet. Altaraufsatz 1484–1492 von Derik Baegert mit Darstellung der hl. Sippe und auf den Flügeln Szenen aus dem Leben von Joachim und Anna. 1826 verkauft. Der Annenaltar stand bis 1818 im südlichen Seitenschiff im dritten Joch von Osten. 1826 wurde er vom Kirchenvorstand an den Antwerpener Kunsthändler Johan Nicolie verkauft. Als Grund für den Verkauf wurde der schlechte Erhaltungszustand angegeben. Die Mitteltafel befindet sich heute im Königlichen Museum in Antwerpen, die Flügel sind verschollen.

Die Entstehungsgeschichte des Annenaltars ist recht gut überliefert. Er wurde 1484 von der St. Annenbruderschaft bei dem Maler Derik Baegert bestellt. Dieser ist um 1440 in Wesel geboren und leitete hier zwischen 1465 und 1510

Derik Baegert, Mitteltafel des Annenaltares, 1484–1492. 1826 verkauft, heute Antwerpen, Königliches Museum

die führende Malerwerkstatt des Niederrheins. Seit Anfang des 16. Jahrhunderts arbeitete sein Sohn Jan in seinem Atelier und führte die Werkstatt bis um 1540 weiter. 1485 erfolgte eine Stiftung für den neuen Altar durch das Kalkarer Ehepaar Everhard Bartels und seine Frau Mechtelt geb. Teilman. Deren Schwager und Bruder Johannes Teilman mit seiner Ehefrau Elisabeth Heydtkens stifteten zu dieser Zeit eine Vikarie für den Altar. Baegert erhielt eine Art von Leibrente. Er arbeitete gründlich: so sollten die Bilder nicht gefirnisst werden, bevor die Farbe ganz getrocknet war. Dies geschah, um Risse in der Farbe zu vermeiden.

1492 wurde der Altar von Derik Baegert geliefert: auf der Mitteltafel war die hl. Sippe dargestellt (▶ Abb. S. 48), auf den Flügeln das Leben von Joachim und Anna. In der Bildmitte sind vertikal übereinander gestaffelt die thronende hl. Anna, und zu ihren Füßen ihre älteste Tochter, die Muttergottes, das nackte Jesuskind liebkosend, dargestellt. Somit wird das Bildzentrum durch eine Art von Anna selbdritt eingenommen. Neben dem Thron links steht Annas erster von drei Ehemännern, Joachim, der seiner Frau einen Korb mit Kirschen reicht. Rechts neben dem Thron Marias Ehemann Josef, mit dem ehrfurchtsvoll abgenommenen Hut und sich mit der linken Hand auf einen Stock stützend. Links von Maria sitzt die hl. Maria Kleophas, Annas zweite Tochter, mit ihren Kindern Judas Taddäus, Simon, Jacobus Minor und Joseph Justus. Dahinter ihr Ehemann Alphäus und Cleophas. Rechts von Maria sitzt die hl. Maria Salome, Annas jüngste Tochter, mit den Kindern Johannes und Jakobus Maior. Hinter ihr steht ihr Gemahl Zebedäus, auf das geöffnete Buch in seiner linken Hand weisend. Das Gemälde wird von starken, leuchtenden Farben bestimmt. Die Physiognomien sind scharf ausgeformt und die dargestellten Personen sind stark gestikulierend zueinander in Bezug gestellt. Die kunstgeschichtliche Forschung hat lange Zeit den in St. Nicolai erhaltenen, erst im 19. Jahrhundert aus der säkularisierten Dominikanerkirche in die Stadtpfarrkirche gelangten Annenaltar und den seit seinem Verkauf in Vergessenheit gera-

tenen Annenaltar in Antwerpen verwechselt, so dass Derik Baegert lange als Bildhauer und als der Schöpfer des geschnitzten Annenaltars betrachtet wurde.

Die Aufstellung von 1818 bis 1965/70

1818 wurden mit Ausnahme des Hochaltars und des Sieben-Schmerzen-Altars alle Altäre abgebrochen, verändert, neu aufgestellt oder kombiniert. Skulpturen aus abgebrochenen Altären wurden damals auf den Schreinen, die die alten Stellen einnahmen, platziert. Zum Beispiel wurden auf dem Schrein des Dreifaltigkeitsaltars die Bildwerke von Crispinus und Crispinianus aus dem gleichnamigen Altar aufgestellt. Bis zur Neuaufstellung 1965/70 wurde der Dreifaltigkeitsaltar als Crispinusaltar bezeichnet.

Diese Einrichtung hatte im 19. und 20. Jahrhundert lange Bestand gehabt. Nur der Annenaltar von Derik Baegert wurde 1826 verkauft. Auch der Kreuzaltar wurde in dieser Zeit veräußert. Als der Sieben-Schmerzen-Altar 1900 bis 1901 im Südchor aufgestellt wurde, musste der Annenaltar in den Nordchor umziehen.

Die Aufstellung von 1965/70 bis 1997

Eine motivierte Neuaufstellung erfolgte in den Sechziger- und Siebzigerjahren des 20. Jahrhunderts, als das Rheinische Amt für Denkmalpflege unter der Federführung von Professor Hans Peter Hilger dem Gesamtkunstwerk St. Nicolai hohe Bedeutung zumaß. Hilger hat über die Einrichtung, ihre Motive und ihre Ziele mehrmals Rechenschaft abgelegt, zuletzt in seiner umfangreichen Publikation von 1990.

Beschreibung der großen Altäre

Der Antoniusaltar

Von den 1818 abgebrochenen und teilweise verkauften Altären lassen sich noch einige heute rekonstruieren. Einer der ersten in der weitgehend vollendeten Kirche aufgestellten Altäre war der Antoniusaltar. Auf der Mitteltafel ist auf einem Zettel an der Wand die Jahreszahl 1460 zu lesen. Es ist wahrscheinlich das Entstehungsjahr des Altaraufsatzes auf dem 1458 vom Kölner Weihbischof geweihten Antoniusaltar. 1476 wurde eine Vikarie auf dem Antoniusaltar gestiftet. Kalkar hatte, wie auch andere Orte im Herzogtum Kleve, eine bedeutende, noch heute existierende Antoniusbruderschaft, die wohl auch Stifter des Antoniusaltars war. Bis 1818 stand der Antoniusaltar an dem zweiten Pfeiler von Osten an der Nordseite des Mittelschiffes (heute steht hier der Crispinus- und Crispinianusaltar). Erhalten haben sich von diesem zwei Teile: das Triptychon mit Szenen aus der Vita des hl. Antonius auf den Flügeln und dem Tod Mariens auf der Mitteltafel (heute am Eingang zum Südchor) und ein sehr fein ausgearbeiteter, fast metallisch wirkender Baldachin aus ungefasstem Eichenholz, der ursprünglich als Altaraufsatz eine seit dem frühen 19. Jahrhundert verschollene Skulptur des Altarheiligen aufnahm und heute als Gehäuse für die Statue des Kirchenpatrons St. Nikolaus im Hochchor dient (▶ Abb. S. 47).

Auf der Mitteltafel des Antoniusaltars ist der Marientod dargestellt, während die Altarflügel der Legende des hl. Antonius gewidmet sind. Im Mittelteil sind in einem Gemach um das Sterbebett Mariens die elf Apostel – durch Namen in ihren Heiligenscheinen erkennbar – versammelt. Der in dem diagonal im Raum aufgestellten Bett unter einer hellroten Decke liegenden Maria reicht Johannes die Kerze. Petrus, der mit einer Priesteralbe bekleidet ist, liest der Sterbenden die Gebete und ist im Begriff, Maria mit einem Sprengel, den er gerade in das von Jakobus Minor gehaltene Weih-

Meister des Kalkarer Marientodes, Marientod. Mitteltafel des Antoniusaltars

Antoniusaltar, Außenseite des linken Flügels:
Hll. Martin, Vincenz, Paulus Eremita und Antonius

Antoniusaltar, Außenseite des rechten Flügels:
Hll. Cäcilia, Elisabeth, Agatha und Margareta

Antoniusaltar, Innenseite des linken Flügels: Versuchung
des hl. Antonius

wassergefäß getaucht hat, zu segnen. Bartholomäus bläst das Feuer im Weihrauchfass an, während die anderen Apostel ihrer Trauer durch expressive Gesten Ausdruck verleihen oder in ihren Gebetbüchern lesen. Der zwölfte Apostel – der abwesende Thomas ganz links in der Landschaft – erhält von einem Engel den Gürtel Mariens als Beweis ihrer leiblichen Aufnahme in den Himmel.

Die Innenseite des linken Flügels zeigt die Versuchung des Eremiten Antonius durch drei reich gekleidete Frauen, unter deren prunkvollen Gewändern Teufelskrallen als Zeichen ihres wirklichen Wesens zum Vorschein kommen. Die Innenseite des rechten Flügels zeigt eine Teufelsaustreibung, die der heilige Eremit vornimmt.

Auf den Flügelaußenseiten sind vor einem Brokatvorhang jeweils vier männliche und vier weibliche Heilige dargestellt: die Heiligen Martin, Vincenz, Paulus Eremita und Antonius Abbas auf dem linken Flügel – Cäcilia, Elisabeth, Agatha und Margareta auf dem rechten Flügel.

Antoniusaltar, Innenseite des rechten Flügels: Der hl. Antonius treibt Teufel aus.

In der expressiven Farbgebung mit der grafisch harten Betonung der plastischen Formen gehören die Malereien in die Welt der darstellungsfreudigen und für lebensnahe Details empfänglichen Kunst, zu der auch ein Künstler, wie der in Kleve und Bocholt tätige Stecher Israhel van Meckenem zu zählen ist. In dem anonymen Maler, der nach diesem Altarbild »Meister des Kalkarer Marientodes« genannt wurde, wird der Lehrmeister des einzigen wichtigen niederrheinischen Malers des letzten Viertels des 15. Jahrhunderts, Derik Baegert aus Wesel, vermutet. Das Tryptychon gehört zu den frühesten Altartafelmalereien am Unteren Niederrhein.

Der Georgsaltar

Der Georgsaltar stand ursprünglich am zweiten Pfeiler von Osten an der Südseite des Mittelschiffes, wo heute die Kanzel steht. 1818 gelangte er an seine heutige Stelle am ersten Pfeiler von Osten an der Nordseite des Mittelschiffes, wo er auf der Mensa des Sebastianusaltars aufgestellt wurde, auf der verbliebenen Predella des Sebastianusaltars und einer weiteren Predella.

Entstehungsgeschichte
Die Entstehung des Georgsaltars ist sowohl bürgerlichen Stiftungen wie Zuwendungen der Kalkarer St. Georgsbruderschaft zu verdanken. Der Altar wurde am 22. Dezember 1455 von dem Priester Hermann Leiken gestiftet. Bürgermeister und Schöffen wurden zu Patronen ernannt. An diesem Tag wurde von den Provisoren der St. Georgsbruderschaft auch ein Offizium auf dem Altar gestiftet. Zur Bestellung des jeweiligen Vikars hatten der Pfarrer von St. Nicolai und der Bürgermeister ein Vorschlagsrecht beim Herzog von Kleve. Noch 1772 hatte die St. Georgsbruderschaft das Patronat über ihren Altar in St. Nicolai. Unklar ist, ob der Altar bereits 1455 mit einem Altaraufsatz geschmückt war, der dann kurz nach 1480 durch ein neues Retabel des Meisters Arnt ersetzt wurde oder nicht.

Die Stifter
Gleichzeitig mit dem geschnitzten Mittelschrein entstanden die Altarflügel. Auf den Innenseiten ist die Legende der hl. Ursula dargestellt. Auf der Außenseite des linken Flügels schildert der Maler die bereits im Schrein thematisierte Legende des hl. Georg. Auf der Außenseite des rechten Flügels ist die Legende des hl. Christophorus, der das Jesuskind über den Fluss trägt, zu sehen. Auf den Außenseiten dieser Flügel befinden sich wichtige Hinweise auf die Entstehungsgeschichte des Altars. Auf dem Flügel mit dem hl. Georg ist das Stifterpaar mit Sohn, Schwiegertochter und einer Enkelin dargestellt. Es handelt sich um Peter Ghiesen, der in den Jahren 1482, 1483 und 1486 Schöffe und Bürgermeister von Kalkar war und

1493 verstarb. Ihm gegenüber kniet seine Gattin Aleyt († 1509), dahinter ihr Sohn Rutger († 1535), der 1506 Schöffe und 1508, 1519, 1520 und 1522 Bürgermeister von Kalkar war, sowie dessen Gattin Mechteld (1545) und deren Tochter Maria († 1554). In der Mitte zwischen den Stiftern sind zwei Wappenschilde, links das von Peter Ghiesen, rechts das seiner Frau Aleyt, abgebildet. Die wohl kurz nach 1554 entstandene Grabplatte der Familie Ghiesen mit den Namen und Lebensdaten der hier Dargestellten war bis 1818 in der Nähe des Georgsaltars im Boden eingelassen und befindet sich heute in der südlichen Turmkapelle.

Auf dem Rahmen der Tafel sind in einer vermutlich 1536 hinzugefügten Inschrift die Namen und Lebensdaten der Dargestellten nochmals erwähnt. Die vier Wappenschilde auf dem rechten Flügel mit der Darstellung des hl. Christophorus sind wohl später entstanden. Das linke ist das Wappen der Familie Ghiesen, die drei anderen sind noch nicht identifiziert, dürften aber zu den um 1635 auf der Rahmenleiste inskribierten Familien von der Stegen, van Groesbeck und Flint zählen. Der Deichgraf Johannes Flint bewohnte das Haus der Familie Ghiesen an der Kesselstraße. Er verstarb vor 1636, das Datum ante quem für die Inschrift. Wahrscheinlich hat die Familie die Beziehung zu dem von ihren Vorfahren gestifteten Altar über eine lange Zeit hindurch aufrecht gehalten.

Die Georgslegende im Schrein
In dem durch zwei Säulen in drei Kompartimente gegliederten Schrein, von denen das mittlere höher ist, sind Leben und Martyrium des hl. Georg erzählerisch und detailfreudig dargestellt.

In der unteren Hälfte des mittleren Teils ist der Drachenkampf gestaltet. Es ist das im Mittelalter populärste legendäre Ereignis der Vita des in Kappadozien lebenden und im Jahr 303 bei einer Christenverfolgung unter Diokletian den Märtyrertod gestorbenen Soldaten. Nach der Legende erhielt der Drache von der bedrohten Bevölkerung der Stadt Silene täglich zwei Schafe. Als die Anzahl der Schafe nicht mehr

Meister Arnt, Georgsaltar. Die Flügel sind kölnisch, die beiden Predellen gehörten ursprünglich nicht zum Altar.

ausreichte, wurden ein Schaf und ein Kind geopfert, bis schließlich der König auch seine eigene Tochter, die Prinzessin Aja, dem Monstrum ausliefern musste. Als die weinende Prinzessin den tapferen Georg traf und ihm ihr Unglück schilderte, jagte dieser den Drachen, bekämpfte und besiegte ihn. In der mittleren Szene hat der Bildhauer den Augenblick dargestellt, in dem der auf einem Schimmel reitende, in zeitgenössischer Ritterrüstung gekleidete

Georg ausholt, um mit einem letzten Hieb den Drachen endgültig zu besiegen. Rechts kniet die ängstliche Prinzessin Aja, neben ihr auf einem Felsen ist das Opferschaf zu sehen.

Der Bildhauer hat dieses in der Heiligenverehrung des 15. Jahrhunderts zentrale Thema der St. Georgslegende sowohl durch die kräftige Plastizität – die Gruppe ist fast vollrund geschnitzt – als auch durch einen größeren Maßstab besonderes Gewicht verliehen.

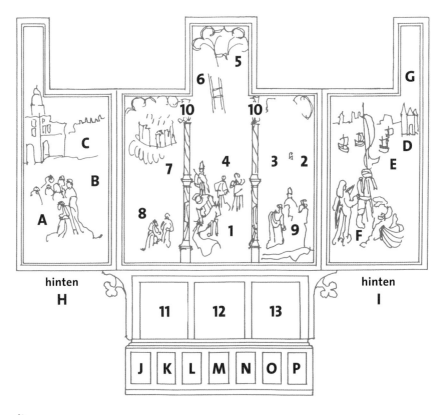

Georgsaltar

Schrein mit Skulpturen des Meister Arnt, um 1484:
1 Der hl. Georg zu Pferd besiegt den Drachen; rechts daneben kniend die Königstochter Aja
2 Der hl. Georg reitet in die Stadt, neben ihm Aja mit dem besiegten Drachen
3 Der Präfekt Dacian lässt Holzpflöcke in den Leib Georgs treiben
4 Der Heilige in dem Kessel mit kochendem Blei
5 Martyrium des hl. Georgs mit Reißhaken und Feuer
6 Der hl. Georg wird gerädert
7 Dem Heiligen werden die Hände abgeschlagen
8 Der Präfekt Dacian lässt den hl. Georg durch einen Zauberer einen Giftbecher überreichen, den dieser mit einem Kreuzzeichen unschädlich macht
9 Die Enthauptung des hl. Georg
10 Zwei hl. Ritter (F. Langenberg, 1901–1902)

Flügel, Gemälde aus Köln (?), um 1500:
Innenseiten
A Abreise der hl. Ursula aus England und Abschied von ihrem Vater
B Einschiffung der hl. Ursula
C Ankunft der hl. Ursula in Rom
D Ankunft der hl. Ursula mit ihren Gefährtinnen in Köln
E Die hl. Ursula hält ihren tödlich getroffenen Gemahl Ätherius in den Armen
F Martyrium der hl. Ursula mit ihren Gefährtinnen
G Ein Engel trägt Ursulas Seele in den Himmel

Außenseiten
H Der hl. Georg bekämpft den Drachen; Bildnisse der Stifterfamilie des Kalkarer Bürgermeisters und Schöffen Peter Ghiesen
I Der hl. Christophorus trägt das Jesuskind durch den Fluss; Stifterwappen

Obere Predella, Skulpturen aus der Werkstatt des Ludwig Jupan, frühes 16. Jahrhundert:
11 Beweinung Christi
12 Martyrium des hl. Erasmus
13 Messe des hl. Papstes Gregor des Großen

Untere Predella, Gemalte Brustbilder des Derik Baegert vom ehemaligen Sebastianusaltar, um 1490:
J Hl. Augustinus
K Hl. Agatha
L Hl. Andreas
M Christus Salvator
N Hl. Agnes
O Hl. Laurentius
P Hl. Lucia

Meister Arnt, Georgsaltar: Drachenkampf des hl. Georg und der Heilige in dem Kessel mit kochendem Blei

Links und rechts sowie oben folgen dann die acht weiteren Szenen des Martyriums.

Obwohl sich die Ereignisse in der panoramaartigen Landschaft ohne genauere Abgrenzung abspielen, sind die Darstellungen durch die klare Zugehörigkeit der ungemein typen- und abwechslungsreich gearbeiteten, oft etwas untersetzten Figürchen leicht zu verstehen.

Die Fassung der Skulpturen

Von den in St. Nicolai erhaltenen Altären ist der Georgsaltar nicht nur der älteste, er ist auch der einzige gefasste Altar, dessen originale Polychromie trotz der Erneuerungen und Ergänzungen von Ferdinand Langenberg sehr gut erhalten ist. Die geschnitzte Szenerie des Schreins verdankt seine Lebendigkeit, Plas-

Meister Arnt, Georgsaltar: Enthauptung des hl. Georg

tizität und Wirkung zu einem wesentlichen Teil der kostbaren Bemalung. Diese ist aller Wahrscheinlichkeit nach nicht in dem Atelier des Meisters Arnt in Kalkar ausgeführt worden.

Von zwei anderen Skulpturen des Meisters Arnt kennen wir aus den Archivalien den Vorgang bei der Fassung seiner Skulpturen. Bei dem 1476 von Meister Arnt in Kalkar für den Xantener Dom geschnitzten Himmelfahrtschristus (heute Museum Kurhaus Kleve) gab der Fabrikmeister des Xantener Domes, Gerhard Vaick, dem Fassmaler Derik van Ginderich aus Wesel einen eigenen Auftrag. Die 1478 von Meister Arnt in Kalkar vollendeten Skulpturen für das Weinhaus in Zwolle wurden erst per Schiff (das eigens für diesen Transport in Wesel gekauft worden war) nach Zwolle transportiert, wo sie anschließend von dem bedeutendsten Maler und Kupferstecher vor Ort, Johan van den Mynnesten, bemalt wurden. Die Höhe der Bezahlungen an die Fassmaler ist durchaus mit denen an die Bildschnitzer vergleichbar.

An den Reliefs des Georgsaltars sind alle Techniken der Fassmalerei anzutreffen: Blattvergoldungen, Versilberungen, Punzierungen, Sgraffitodekorationen, Ziertexte, Metallauflagen, Applikationen, Rädchenmuster und Inkarnate. Vor allem bei den Inkarnaten ist der hohe Rang des Fassmalers feststellbar: die Fleischigkeit der Hautfarbe wird belebt durch die Nuancierungen des Hauthaares, die wechselnde Hautfarbe, die unterliegenden Adern, die gemalten Augen und Lippen.

Die Fassung wurde bei einer Restaurierung 1895 durch den Gocher Bildhauer Ferdinand Langenberg übergangen, in Einzelteilen ergänzt und mit einer braunen Lasurschicht abgedeckt um diese zu patinieren und so zu vereinheitlichen. Auch einige fehlende figürliche Teile der aus mehreren großen Eichenblöcken zusammengesetzten Füllung des Schreins, z. B. die Knaben in der Giftmischerszene und beim Martern mit den Holzpflöcken, ferner der hl. Georg beim Martyrium mit dem Rad, wurden damals erneuert. Alle fehlenden Teile wurden von Langenberg ergänzt wie die beiden auf den Säulen stehenden Figürchen von zwei heiligen Rittern.

1972 wurde der firnisartige Überzug von 1895 von der Werkstatt des Rheinischen Amtes für Denkmalpflege entfernt. 1987 wurde zur Behebung neuerer Schäden nochmals eine größere Sicherungsmaßnahme und Bestandsaufnahme des Altars durchgeführt. Eine Überraschung war die Entdeckung der ältesten Darstellung des Kalkarer Rathauses. Sie ist ein Vorläufer der berühmten Abbildung des Rathauses auf dem Hochaltarflügel mit der Auferweckung des hl. Lazarus von Jan Joest.

Die Zuschreibung des geschnitzten Retabels an Meister Arnt

Der Retabelaufsatz des Georgsaltars gilt als das früheste Werk des Meisters Arnt in St. Nicolai. Er wurde dazu von dem Kalkarer Bürger Peter Ghiesen beauftragt (s.o.). Vermutlich entstand der Altar kurz vor 1484, als Meister Arnt die Stadt, in der er sich seit 1460 nachweisbar aufhielt, verließ und nach Zwolle zog. In diesem Altar ist sein Figurenstil noch sehr kompakt und in den charakterlichen Ausprägungen der Gesichter manchmal grimassenhaft. Dem Georgsaltar nächst verwandt ist der Altar mit der Anbetung der Heiligen Drei Könige im Museum Schnütgen zu Köln.

Die Altarflügel

Wie beim Hochaltar sind die Altarflügel des Georgsaltars etwa gleichzeitig und ausdrücklich für dieses Retabel angefertigt worden. Die Innenseiten stellen Szenen aus der Legende der hl. Ursula und ihrer Gefährtinnen dar, die Außenseiten nochmals den Kampf des hl. Georg mit dem Drachen und den hl. Christophorus. Innenseiten und Außenseiten der Flügel entstammen derselben Werkstatt, allerdings sind sie mit unterschiedlichem Aufwand und nicht mit der gleichen Intensität gemalt. Ob sich die Malerwerkstatt in Köln oder am Niederrhein befand, ist nicht sicher. Der Maler hat in jedem Fall über genaue Kenntnisse der Stadt Köln verfügt, wie die Ansicht Kölns im Hintergrund der Ursulalegende beweist (▶ Abb. S. 60, 61).

Die Flügelinnenseiten zeigen Szenen aus der Legende der hl. Ursula, der Tochter des Königs Maurus von Britannien, die von Ätherius, dem Sohn des heidnischen Königs von England, umworben wurde. Ursula stimmte einer Ehe unter der Bedingung zu, dass Ätherius sich bekehren würde. Zudem musste er ihr eine dreijährige Pilgerfahrt in Begleitung von elftausend Jungfrauen gestatten. Die Fahrt führte nach Tiel in Holland, Köln, Basel und Rom. In Rom erschien Ursula ein Engel, der ihr befahl, mit ihrem Geleit wieder nach Köln zu reisen, wo alle die Märtyrerkrone erhalten sollten. Die Gebeine Ursulas und ihrer Begleiterinnen werden in Köln in der romanischen St. Ursulakirche

Georgsaltar, linker Flügel mit der Ursulalegende:
Einschiffung nach Rom

Georgsaltar, rechter Flügel mit der Ursulalegende:
Ankunft in Köln und Martyrium

aufbewahrt. Die Heilige war im spätmittelalterlichen Köln sehr populär und ihre Vita ein beliebtes Thema in der Kölner Malerei.

Der linke Flügel zeigt, von unten nach oben, den Abschied der Heiligen von ihren Eltern, ihre Einschiffung und, nach einer langen Reise, ihre Ankunft in Rom. Im Vordergrund ist der Abschied Ursulas mit ihren Gefährtinnen von ihrem Vater mit seinem Gefolge am Kai eines Hafens dargestellt. Der König drückt seiner in einen prächtigen Gobelinmantel und ein rotes Kleid gehüllten Tochter die Hand und wünscht ihr eine gute Fahrt. Zur Sicherheit der Reisegruppe hat er auch einige Männer mitgeschickt, die bereits in dem Boot Platz genommen haben. Aus dem Tor des Palastes, in der mittleren Ebene des Bildes, schaut die Königin den Reisevorbereitungen zu und sieht, wie eine Magd

und einige Gefährtinnen Reisegepäck an Bord bringen. Ein Koggenschiff und Boote werden die Reisegesellschaft nach Rom bringen. Oben rechts ist die Ankunft in Rom, erkennbar an den vielen Kirchentürmen, dargestellt. Hier begrüßt Papst Cyriacus, umgeben von einer großen Schar von Würdenträgern und Geistlichen, die unter dem Brokatverdeck ihres Bootes sitzende hl. Ursula.

Der rechte Flügel zeigt von oben nach unten angeordnet die Episoden, nachdem der Papst in Rom erfuhr, dass er mit Ursula und ihren Gefährtinnen in Köln das Martyrium erleiden würde. Die große Gesellschaft begab sich in Schiffen und Booten wieder auf den Weg nach Köln, das inzwischen von den Hunnen belagert wurde. Bereits bei der Ankunft in Köln wurden die Schiffe von den Feinden angegriffen und überfallen. Der Maler hat hier den Stadtprospekt von Köln mit dem gotischen Chor des Kölner Domes und dem Vierungsturm von Groß St. Martin dargestellt. Am Hafenkai hat das Boot mit Papst Cyriacus, Kardinälen und Bischöfen angelegt, die bald darauf niedergemetzelt werden sollten. Davor hält Ursula ihren Verlobten Ätherius, der inzwischen Christ geworden und unterwegs zur Reisegesellschaft gestoßen war, tödlich getroffen in ihren Armen. Im Vordergrund ist das Martyrium der Ursula dargestellt. Links steht, umgeben von Soldaten, der Hunnenkönig vor seinem Zelt, erkennbar an seinem Zepter. Erschüttert über das Schicksal der Ursula und den Tod ihres Verlobten und aller ihrer Gefährtinnen, hatte er ihr angeboten, sie zur Frau zu nehmen. Als Ursula dies verschmähte, wurde sie von ihm mit einem Pfeilschuss durchbohrt und getötet. Die Darstellung der Legende findet ihren Abschluss im Auszug: hier trägt ein Engel die Seele der hl. Ursula in den Himmel, ein zweiter schwebt in die Stadt hinab, um weitere Seelen von Ursulas Gefährtinnen abzuholen.

Bei der wissenschaftlichen Untersuchung des Altars im Jahr 1987 wurde auf dem Gürtel des Hunnenkönigs in gotischen Minuskeln die Jahreszahl 1487 entdeckt. Der unbekannte Maler hat, der spätgotischen Werkstattpraxis von Malern und Bildhauern folgend, für seine Figuren zeitgenössische Stichvorlagen benutzt. So ist die Gruppe von vier Frauen am rechten mittleren Bildrand des rechten Flügels dem Stich mit der »Vermählung Mariens« des Bocholter Kupferstechers Israhel van Meckenem entnommen (▶ Abb. S. 60).

Auf der Rückseite der Altarflügel ist links der hl. Georg mit dem Drachen in einer Gebirgslandschaft kämpfend dargestellt. Am mittleren Bildrand kniet neben einem Schaf die Prinzessin Aja. Auf der rechten Außenseite ist der hl. Christophorus, der mit dem Jesuskind den Fluss überquert, abgebildet. Ein in weiß gekleideter Einsiedler leuchtet mit einer Lampe.

Insgesamt ist der Altar drei Heiligen gewidmet, die zur Gruppe der vierzehn Nothelfer zählen. Georg als Ritterideal galt im späten Mittelalter neben seiner allgemeinen Fähigkeit als Beschützer gegen Unheil und Leiden vor allem als Schutzpatron gegen die Pest. Die hl. Ursula wurde als Patronin für Kinder und Erzieher verehrt, aber auch als Patronin der Tuchhändler, denen Kalkar seine Blüte verdankt. Ihre häufige Darstellung als Einzelfigur mit Schutzmantel

Werkstatt Ludwig Jupan, Predella des Georgsaltars: Beweinung Christi

Werkstatt Ludwig Jupan, Predella des Georgsaltars: Messe des Hl. Papstes Gregor

Werkstatt Ludwig Jupan, Predella des Georgsaltars: Martyrium des hl. Erasmus

weist auf diese ökonomisch motivierte Verehrung. Der hl. Christophorus war der Schutzheilige gegen den unverhofften Tod, vor allem in Pestzeiten und auf Reisen. Zur Entstehungszeit des Altars, um 1484, grassierten Pest und Tod in Kalkar. Der Bildhauer, Meister Arnt, verließ Kalkar nachdem er durch die Epidemie Frau und Söhne verloren hatte.

Die Predellen

Von den beiden Predellen stammt die untere vom Sebastianusaltar. Sie zeigt die um 1490 in der Werkstatt von Derik und Jan Baegert gemalten Brustbilder von Christus und sechs Heiligen vor blaugrünem Grund (▶ Abb. S. 46).

Darüber befindet sich die Predella eines im frühen 16. Jahrhundert entstandenen Altars mit drei in Nischen aufgestellten, vollplastischen Gruppen mit exzellenter originaler Fassung. Von links nach rechts stellen sie die Beweinung Christi, das Martyrium des hl. Erasmus und die Messe Papst Gregors des Großen dar. Die Skulpturen sind in der Werkstatt des Ludwig Jupan entstanden. Nach Wolff stammt die Predella von dem 1818 abgebrochenen Kreuzaltar.

Der Hochaltar

Meister Arnt

Der Hochaltar ist der einzige von ursprünglich siebzehn Altären in St. Nicolai, der noch heute an seinem Aufstellungsort steht. Das größte Projekt der Kirchenausstattung sollte kurz nach der Vollendung des Kirchenbaus initiiert werden. Über den neuen Hochaltar haben sich die Provisoren der Bruderschaft Unserer Lieben Frau wohl zu Anfang 1488 die ersten Gedanken gemacht. Da sich die Kirche immer mehr der Vollendung näherte, wollte die Bruderschaft vermutlich den noch relativ einfachen, bemalten oder geschnitzten Altaraufsatz auf dem 1418 geweihten Choraltar durch einen repräsentativen Altar ersetzt sehen.

Aus den erhaltenen Archivalien lässt sich ein fast lückenloses Bild der Entstehung ablesen. Die Bruderschaft bildete zunächst eine Kommission, die aus dem Bürgermeister (der kraft seines Amtes auch der Brudermeister war), dem Pfarrer und einem der Provisoren bestand. Bevor man einen Beschluss über die gewünschte Form und möglicherweise auch über den Künstler, der das Werk fertigen sollte, fasste, wollte man sich erst orientieren. Verschiedene Kirchen in nicht allzu ferner Umgebung, von deren neuen Altären Anregungen ausgehen konnten, sollten besucht werden. So reisten Bürgermeister Fanlo, der Pfarrer und der Provisor Claes van Wetten im April 1488 nach Wesel in die Matenakirche. Anschließend entsandte die Bruderschaft den Zeichner Gairt Hertogh nach Zutphen und Deventer, um von den dortigen Altären eine Skizze anzufertigen, wenig später gefolgt vom Bürgermeister und einer größeren Delegation der Bruderschaft.

Offenbar gefielen die besichtigten Altäre, denn man bat den Bildhauer Meister Arnt aus Zwolle – der schon 1487 den Christus im Grabe für die Bruderschaft geschnitzt hatte – ebenfalls nach Deventer zu kommen, um über den Altar zu sprechen und über die Verdingung zu verhandeln. Schließlich entsandte man Gairt Hertogh nach 's-Hertogenbosch, um auch dort einen neuen Altar zu skizzieren. Hiermit ist vermutlich der zwischen 1475 und 1477 von

Adriaen van Wesel aus Utrecht geschaffene Marienaltar der dortigen Bruderschaft Unserer Lieben Frau in der St. Janskirche gemeint. 1489 erhielt Hieronymus Bosch den Auftrag, die Flügel des Altars in 's-Hertogenbosch zu bemalen. Nachdem die Zeichnung auch in die Beratungen aufgenommen war, empfahl die Kommission der Bruderschaft, Arnt den Auftrag für den Altar endgültig zu erteilen. Aus den Quellen entsteht der Eindruck, dass Bürgermeister, Pfarrer und Bruderschaft sich zunächst Gedanken über Form und Ikonografie des neuen Altars machten. Vielleicht hatte man sich im Vorfeld bereits für Arnt, den man gut kannte und der bereits einige Arbeiten für die Bruderschaft ausgeführt hatte, entschieden.

Der Vertrag über den Altar zwischen Bruderschaft und Meister Arnt ist nicht erhalten, so dass wir keine genauen Kenntnisse über die Auftragsvergabe und die Abgrenzung der Arbeiten haben. Die Bruderschaft hat in jedem Fall die Regie der Arbeiten in der Hand behalten. Arnt hat – wie wir aus dem Verlauf der Arbeiten schließen können – den Gesamtentwurf geliefert und beabsichtigte, alle Schnitzarbeiten in seinem Atelier in Zwolle auszuführen. Das Holz für das Gehäuse des Schreines kauften die Provisoren der Bruderschaft selbst ein: Bretter in Amsterdam, Kampen und Nimwegen, schwereres Holz im klevischen Wald. Zum Teil erhielten sie es als Geschenk des Landesherren, des Herzogs von Kleve. Hierzu waren der Provisor Claes van Wetten und ein Herr van Riswick gemeinsam an den Hof nach Kleve gefahren. Die Kalkarer Schreiner (»Kistemeker«) Derik Jeger und Vuldick zimmerten im linken Gewölberaum unterhalb des Rathauses das Gehäuse des Schreins nach dem Entwurf und den Maßen von Meister Arnt. Drei Tage benötigte man für die Aufstellung des Gehäuses auf der Mensa. Zu Ostern 1491 stand der Schrein leer und ohne Flügel auf der Mensa des Hochaltars. Im Sommer 1491 folgten die unbemalten Flügel und das spätgotische Ornamentwerk ebenso wie die Gewölbebaldachine, die sowohl in der Staffel des Altars wie in dem Mittelschrein den an einen Kirchenraum erinnernden Abschluss der Szenerien bildeten.

Hochaltar in geöffnetem Zustand

Während in Kalkar die Vorbereitungen für den neuen Hochaltarschrein zügig vorangingen, arbeitete Meister Arnt im fernen Zwolle an den Gruppen für Schrein und Predella. Er hatte das Holz dafür in große und kleine Blöcke eingeteilt, die in Maß und Stärke aufeinander abgestimmt waren. Im Jahr 1490 schien die Arbeit gut vorangekommen zu sein, denn der Provisor der Bruderschaft ließ Arnt zu Ostern und Weihnachten 1490 und zu Ostern 1491 Abschlagszahlungen zukommen. Die Zahlung von Weihnachten 1490 wurde von seinem Gehilfen Jan van Halderen in Kalkar entgegengenommen.

Im Laufe des Sommers 1491 wurden Bürgermeister und Provisor Claes van Wetten hinsichtlich des Fortschritts der Arbeiten etwas misstrauisch, und beide reisten nach Zwolle, um mit Arnt zu sprechen. Sie müssen zufrieden gewesen sein: Weihnachten 1491 folgte eine weitere Abschlagszahlung. Kurz darauf, im Ja-

nuar 1492, traf in Kalkar die Nachricht ein, dass Arnt in Zwolle gestorben war, was für die Vollendung des Hochaltars einen gewaltigen Rückschlag bedeutete und für die Bruderschaft unerwartete Schwierigkeiten mit sich brachte. Zuerst reiste Claes van Wetten spornstreichs nach Zwolle, um die Gruppen, an denen Arnt gearbeitet hatte, ganz gleich in welcher Phase der Vollendung sie sich befanden, abzuholen. Er brachte sie aus Arnts Werkstatt über Land nach Zutphen und von dort zu Wasser nach Wissel und anschließend nach Kalkar, wo diese im Rathaus gelagert wurden. Der Tod Arnts bedeutete für die Bruderschaft, dass nun der Altarschrein mit den unbemalten Flügeln weiterhin leer im Chor der Kirche stehen bleiben musste.

Nirgendwo ist überliefert, was von Arnt bis zu seinem Tode geschaffen wurde. Sein Anteil an den Gruppen des Schreins wurde erst in den

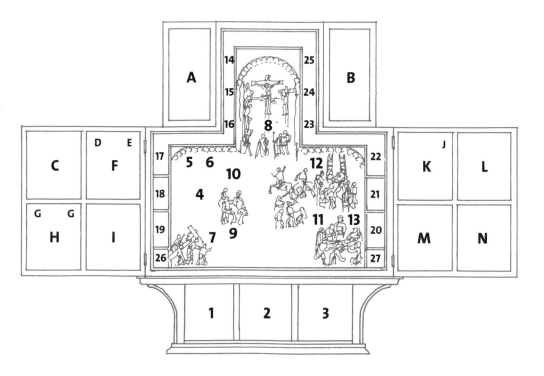

Hochaltar in geöffnetem Zustand

Predella:
Figurengruppen von
Jan van Halderen, 1498

1 Einzug Christi in Jerusalem
2 Letztes Abendmahl
und Meister Arnt, 1488 – 1492
3 Fußwaschung Petri

Schrein von Meister Arnt,
1488 – 1492, vollendet von
Ludwig Jupan, 1498 – 1500:

4 Christus in Gethsemane
5 Judas bringt die Soldaten in den
  Garten Gethsemane.
6 Verrat des Judas; Petrus schlägt
  Malchus das Ohr ab
7 Kreuztragung Christi
8 Kreuzigung
9 Ohnmacht Mariens
10 Veronika mit dem Schweißtuch
11 Die Soldaten streiten um
  Christi Rock.

12 Kreuzabnahme
13 Grablegung
14 Christus am Höllentor
15 Auferstehung Christi
16 Die drei Marien am Grabe
17 Christus erscheint seiner
  Mutter.
18 Christus erscheint Maria
  Magdalena als Gärtner.
19 Christus erscheint den Frauen.
20 Christus erscheint Petrus.
21 Christus erscheint den
  Emmausgängern.
22 Christus erscheint den
  Aposteln (ohne Thomas).
23 Christus erscheint Thomas.
24 Christus speist mit den
  Aposteln.
25 Himmelfahrt Christi
26 Prophet
27 Prophet

Gemälde auf den Flügel-
innenseiten von Jan Joest,
1505/06 – 1508/09:

A Opfer Abrahams
B Moses und die eherne Schlange
C Gefangennahme Christi
D Verspottung Christi
E Geißelung Christi
F Dornenkrönung
G Christus vor den Hohepriestern
H Ecce Homo
I Christus vor Pilatus
J Christus in der Vorhölle
K Auferstehung Christi
L Himmelfahrt Christi
M Pfingsten
N Sterbebett Mariens

Sechzigerjahren des vorigen Jahrhunderts aufgrund neuer Quellenforschungen und den daraus resultierenden stilistischen Untersuchungen erkannt und genauer abgegrenzt. Ganz von Arnts Hand ist nur die Gruppe mit der Fußwaschung Christi im rechten Teil der Altarstaffel, die uns zugleich – weil der Altar, anders als vorgesehen, niemals polychromiert wurde – einen guten Einblick in seine Arbeitsweise und seinen Stil vermittelt (▶ Abb. S. 64). Elf Apostel, die um einen auf eine leicht ansteigende Fläche gestellten Tisch sitzen, sind in eine heftige Diskussion darüber verwickelt, dass Jesus vor dem Tisch niederkniet, um die Füße des Apostels Petrus, der eine erschreckt-abwehrende Gebärde macht, zu waschen. Die große Lebendigkeit, das reiche Repertoire an psychologisch prägnant charakterisierten Typen und der abwechslungsreiche, lebendige Faltenwurf machen die Gruppe zu einem individuellen Werk von hervorragender Qualität, das zugleich zahlreiche Übereinstimmungen mit dem Bildwerk des Christus im Grabe (▶ Abb. S. 27) und mit den etwas früher entstandenen Gruppen im Georgsaltar aufweist. Von den Szenen und Ereignissen im Schrein, die übergangslos ineinander fließen, hat Arnt die Gruppen in der Mitte entworfen, begonnen und teilweise ausgeführt.

Die Bruderschaft hat diese damals unvollendeten Gruppen im Rathaus gelagert und ist auf die Suche nach einem Nachfolger gegangen, dem man die Vollendung des Erbes von Meister Arnt zutraute und den man nach zahlreichen Gesprächen und mehreren Versuchen erst acht Jahre später finden sollte.

Die Bruderschaft verfügte wahrscheinlich über einen gezeichneten Entwurf, der Ikonografie, Einteilung und Form des Altars bestimmte, aber es gab weit und breit keinen Künstler, der den Altar hätte vollenden können. Zuerst lud man den Bildhauer Raben aus Emmerich ein, jedoch ohne Ergebnis. Dann sprach man mit Meister Evert van Monster, wohl Evert van Roden aus Münster, aber trotz der Tatsache, dass man über die Bedingungen einig geworden zu sein schien, begann dieser nicht mit der Arbeit. Weiterhin kam aus Wesel

der Maler Derik Baegert, der 1492 gerade den Annenaltar der St. Nicolaikirche (jetzt im Antwerpener Museum) vollendet hatte, zusammen mit seinem Sohn Jan, um über die Verdingung der Altartafel zu sprechen. Aller Wahrscheinlichkeit nach muss es sich dabei um die Bemalung der noch leeren Flächen der Flügel des Altars gehandelt haben. Derik und Jan Baegert haben in den Neunzigerjahren noch einen anderen Auftrag in St. Nicolai ausgeführt, und zwar die Predella mit den Brustbildern von Christus und sechs Heiligen des ehemaligen Sebastianusaltars (seit 1818 unter dem Georgsaltar). Zu einem Auftrag für die Flügel kam es zwischen der Bruderschaft und den Baegerts 1492 jedoch nicht. Vermutlich entmutigt ließen die Provisoren der Bruderschaft das Werk vorläufig ruhen. Erst sechs Jahre später sollte es weitergehen.

Jan van Halderen

1498 beauftragten die Provisoren den inzwischen wohl in Rees wohnhaften Bildschnitzer Jan van Halderen mit der Ausführung von zwei Gruppen in der Predella des Hochaltars als Probestücke für sein Können. Er hatte Weihnachten 1490 als Mitarbeiter in Arnts Werkstatt in Zwolle eine Zahlung für Arnt entgegengenommen. In den Szenen des Einzugs in Jerusalem und des Letzten Abendmahles zeigt Jan van Halderen sich als ein getreuer Schüler seines Lehrmeisters. Anordnung und Aufbau des Letzten Abendmahls sind der Darstellung der Fußwaschung Christi von Meister Arnt angeglichen. Sicher verfügte Jan van Halderen über Arnts Entwurf und er wusste, da er als Werkstattgehilfe in Zwolle bei der Anfertigung der Fußwaschung zugegen gewesen war, vieles über Arnts Intentionen.

Diese Gruppe und vor allem auch die des Einzugs in Jerusalem, werden durch eine derbe Selbstgefälligkeit gekennzeichnet: es fehlen die Variationen der Figurentypen und vor allem auch die psychologische Spannung unter den Dargestellten, die bei Arnts Gruppe der Fußwaschung faszinieren. Dies scheint auch den Provisoren nicht entgangen zu sein, denn der Auftrag für die Vollendung des Altarschreins wurde

Jan van Halderen, Predella des Hochaltares: Abendmahl

Jan van Halderen dann doch nicht übertragen. Möglicherweise gefielen der Bruderschaft die dem Stil nach inzwischen auch etwas altertümlichen Gruppen nicht. Wahrscheinlicher ist aber, dass sie dem Einheimischen einen neuen Künstler, der von einem Mitglied der Bruderschaft aus der Ferne mit nach Kalkar gebracht wurde, vorzogen.

Ludwig Jupan
Im Herbst des Jahres 1498, in dem aufgrund seiner Probestücke die Verhandlungen mit Jan van Halderen scheiterten, brachte Peter van Rijseren (oder: Rijserman), ein Kalkarer Weinhändler und Goldschmied und einflussreiches Mitglied der Bruderschaft Unserer Lieben Frau, einen Künstler aus Marburg an der Lahn nach Kalkar: Ludwig Jupan. Wie Rijserman Jupan kennen gelernt hat, wissen wir nicht. Möglicherweise hatte Rijserman als Goldschmied Kontakte mit dem Bruder von Ludwig Jupan, Georg Jupan, der ebenfalls Goldschmied war.

Vom frühen Werk dieses Bildhauers, der um 1460 im hessischen Marburg geboren wurde und der sich vermutlich um 1485 als selbstständiger Bildhauer dort niedergelassen hatte, können wir uns kaum ein Bild machen. Wahrscheinlich hat er in seiner Lehrzeit die sich unter dem Einfluss der südniederländischen

Folgende Doppelseite: Meister Arnt und Ludwig Jupan, Mittelteil des Hochaltars

Exportaltäre in Schwaben entwickelnde Retabelskulptur kennen gelernt, so dass ihm der Charakter der niederrheinischen Skulptur nicht ganz fremd gewesen sein mag. Im Mai 1499, kurz nach seiner Ankunft in Kalkar, fanden zwei Besprechungen statt, nach denen die Provisoren der Bruderschaft beschlossen, den Künstler ein Probestück anfertigen zu lassen. Welches Teilstück des Altars dies gewesen ist, wissen wir nicht, aber es scheint jedenfalls zur Zufriedenheit ausgefallen zu sein.

Für Ludwig Jupan muss die Bearbeitung des für den Niederrhein typischen spröden Eichenholzes statt des viel leichter zu bearbeitenden Lindenholzes eine große Umstellung bedeutet haben. Mehr als zwei Jahre arbeitete Jupan mit einigen Gesellen in dem Gewölbe unter dem Rathaus ununterbrochen an der Vollendung des Altars. Das Werk verlangte von ihm, vor allem bei den von Meister Arnt bei seinem Tode nur teilweise vollendeten Blöcken, große Konzentration und Anpassungsvermögen. Im Altar finden wir denn auch zwei Stilarten: einige von Meister Arnt entworfene und begonnene, aber von Ludwig Jupan überarbeitete und vollendete Blöcke sowie verschiedene, ganz auf Jupan zurückgehende Reliefs. Die Unterschiede zwischen beiden Künstlern liegen nicht nur in stilistisch kleinen Details wie der Ausarbeitung von Hintergründen und Gesichtszügen, sondern auch im Prinzipiellen. Im Gegensatz zu Arnts typischen, etwas untersetzten Figuren, die sich in einer spannungsreichen Drehung wenden und praktisch vor dem Hintergrund frei stehen, sind die Figuren Jupans mehr gestreckt, der Faltenwurf ist weniger eckig und die Blöcke sind mehr in Hochrelief als frei stehend ausgeführt. Größtenteils von Arnt vollendet waren die Gruppen im zentralen Teil des Schreins mit Pilatus und dem Hohenpriester Kaiphas, die Priester und Soldaten, die Zuschauer unter dem Kreuz, die Gruppe der Soldaten, die um Christi Rock würfeln, und die Beweinung der Maria. Ganz von Jupan stammen die auch im Maßstab etwas abweichenden Gruppen der Kreuztragung, des Ölbergs, der Kreuzabnahme und der Grablegung. Die im erhöhten Mittelteil des Schreins angebrachte Kreuzigungsszene geht

ebenfalls zum größten Teil auf Jupan zurück, obwohl Arnt auch hier den Anfang gemacht hatte.

Die zwölf Gruppen in der Hohlkehle des Altars wurden ebenfalls von Ludwig Jupan – Meister Loedewich, wie er in Kalkar hieß – geschaffen. Dazugehörige Sockel und Baldachine waren, wie der Rest des ornamentalen Schnitzwerks des Altars, schon in den ersten Jahren von Jupans Tätigkeit in Kalkar von dem örtlichen »Kistemeker« Derik Jeger geliefert worden.

Links und rechts sind unten in der Hohlkehle die Halbfiguren der Propheten dargestellt, die in ihren Schriften das Leiden des Erlösers vorausgesagt hatten. Darüber befinden sich kleine Gruppen, die die Erzählungen des Evangeliums unmittelbar nach der – im Schrein dargestellten – Passion abhandeln. In einer etwas eigenwilligen Reihenfolge sehen wir hier von links oben nach links unten und dann von rechts unten wieder nach oben Christus am Höllentor, die Auferstehung, die drei Marien am Grabe und die Erscheinungen des auferstandenen Christus bei Maria (Ostermorgen), bei Maria Magdalena und bei den drei Marien sowie schließlich die Himmelfahrt. Ungewöhnlich ausführlich ist diese Reihe der Erscheinungen, die nicht nur die bekannte von der Begegnung der Maria Magdalena mit dem Gärtner und die Geschichte von den Emmausjüngern umfasst, sondern auch weniger bekannte Erscheinungen vor den Aposteln, u.a. Christus erscheint Petrus, Thomas, den Emmausgängern und den im Speisesaal versammelten zehn Aposteln.

Im Laufe des Jahres 1500 beendete Jupan das Werk. Die Bruderschaft berief nun eine Beurteilungskommission ein, in welcher auch Fachleute wie der Klever Silberschmied Rutger Maelre und der Kalkarer Maler Johan Venboit vertreten waren. Ihr Urteil fiel zweifellos positiv aus, denn der Bildhauer erhielt die vollständige Bezahlung für sein Werk.

Die fehlende Fassung

Dennoch war der Altar nach dem Geschmack jener Tage nicht vollendet, denn die farbige Bemalung der mehr als zweihundert Figuren und

Jan Joest, Innenseite des linken Flügels am erhöhten Mittelteil des Hochaltars: Opfer Abrahams

Jan Joest, Innenseite des rechten Flügels am erhöhten Mittelteil des Hochaltars: Moses und die eherne Schlange

des Altargehäuses fehlte noch. Geldmangel, aber sicher auch die neu aufkommende Mode, Holzfiguren ohne Fassung zu belassen, um dadurch die Wirkung des Materials zur Geltung zu bringen, müssen die Gründe dafür gewesen sein, dass diese letzte, sehr entscheidende Bearbeitung niemals erfolgt ist, obwohl noch in der zweiten Hälfte des 16. Jahrhunderts eine Weide für die Fassung gestiftet worden war.

Jan Joest und die Flügel des Hochaltars

Nach der Vollendung des mit Bildwerken verzierten Gehäuses des Hochaltars hat es einige Jahre gedauert, bis man sich entschloss, die riesigen Flügel, die als Türen den Schrein mit den Bildwerken bedeckten, bemalen zu lassen. 1505 schloss man mit einem Meister Matthäus einen Vertrag darüber und transportierte die Flügel aus Eichenholz zum Kloster

Gefangennahme Christi

Dornenkrönung

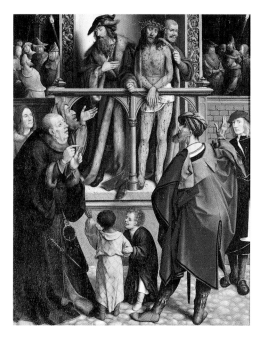

Ecce Homo

Christus vor Pilatus

Jan Joest, Flügel des Hochaltars: Tafeln der Innenseiten (▶ Schema S. 67)

Auferstehung Christi

Himmelfahrt Christi

Pfingsten

Sterbebett Mariens

Marienvrede bei Bocholt, wo sich der – sonst unbekannte – Künstler Matthäus offensichtlich befand. Der Prior dieses Klosters erhielt ein Jahr später nur eine kleine Vergütung für den *patroen* (Entwurf?) der Flügel. Kurz danach, im Rechnungsjahr 1505/06, schloss die Liebfrauenbruderschaft einen Vertrag über die Ausmalung der Flügel mit dem sowohl in Holland als auch in Flandern tätigen Maler Jan Joest. In ihm dürfen wir wohl den Schöpfer der nun vorhandenen Flügel sehen, die in großem Maße zum Ruhm von St. Nicolai beigetragen haben. 1508 oder zu Anfang 1509 vollendete er sein Werk. Wie es bei vielen erzählenden Retabeln der Fall ist, ergänzen die Darstellungen auf den Flügeln die – entweder gemalte oder geschnitzte – Mitteltafel, während die Rückseiten der Flügel, die im geschlossenen Zustand des Altars zu sehen sind, ihr eigenes Programm haben. In Kalkar gibt es die seltene Ausnahme, dass auch die Außenseiten nochmals durch eine vollständige Garnitur von Flügeln verdeckt werden konnten, die niemals eine Bemalung besaßen.

Die Darstellungen auf der Außenseite des Altars zeigen eine in zehn Szenen zusammengefasste Übersicht über die Jugend und das öffentliche Leben Christi. Sie beginnt mit den beiden hohen Flügeln für den erhöhten Mittelteil des Altars, auf denen die Verkündigung des Engels an Maria und die Geburt Christi gezeigt werden (▶ Abb. S. 81 und 42). Darunter sieht man in zwei Reihen übereinander vier Episoden aus der Jugend und vier aus dem öffentlichen Leben Jesu (▶ Abb. S. 78/79): Beschneidung, Anbetung der Könige, Darstellung im Tempel, der zwölfjährige Jesus bei den Schriftgelehrten im Tempel – Szenen, welche die wichtigsten Ereignisse seiner Jugend illustrieren. Viel willkürlicher scheint die Wahl der vier Themen aus der Zeit von Christi öffentlichem Wirken: die Taufe, die Verklärung auf dem Berge Tabor, Christus und die Samariterin am Brunnen und die Auferweckung des Lazarus. Erklären kann man diese Auswahl nur aus theologischen Gründen. In allen Szenen ist ein gemeinsamer Hintergrund zu erkennen: Bei jedem dieser vier Ereignisse gibt sich Christus

nachdrücklich als Sohn Gottes und Erlöser zu erkennen.

Auch die Szenen der Jugendzeit Christi sprechen von einer Anregung durch in der Heiligen Schrift bewanderte Auftraggeber. So sieht man bei der Verkündigung und der Geburt im Hintergrund Szenen alttestamentarischer Vorausdeutungen und teilweise apokryphe, erläuternde Darstellungen. Das gemalte Retabel mit der Geschichte von Schöpfung und Sündenfall, in der Szene mit der Darstellung im Tempel, wirkt wie ein didaktischer Verweis auf den Kerngedanken der christlichen Lehre: Christi Menschwerdung als Folge des Sündenfalles.

Von ganz anderer Art ist die überraschende Beifügung von Lokalkolorit auf mehreren Tafeln. Am bekanntesten ist die Szene mit der Auferweckung des Lazarus, wo ein imaginäres Stadtbild mit dem Kalkarer Rathaus, der Gasthauskirche und dem Hanselaertor ausstaffiert wird (▶ Abb. S. 2). Weniger auffallend, aber für die Zeitgenossen durch den Realismus gewiss ungewöhnlich, muss die vielfache Einbeziehung von Porträts – meist bei den Zuschauern, aber oft auch bei den Handelnden – gewirkt haben. Die Vermutung, dass es sich hier um Mitglieder der Auftrag gebenden Liebfrauenbruderschaft handele, liegt nahe, besonders wenn man bedenkt, dass Jan Joest auf einem verlorenen späteren Werk, dem Hochaltar der Ludgerikirche in Essen-Werden, mehrere Mitglieder der Klosterkommunität, die den Auftrag erteilt hatte, als Modelle verwendet hat.

Wenn die beiden großen Flügel geöffnet sind, zeigt sich in dem riesigen Mittelteil eine überladene Vielfalt kleiner Figürchen, die durch die damals noch ausstehende Bemalung in ihrer Holzsichtigkeit zunächst wie ein großes Gewirr wirkte. Der Künstler, der den Auftrag erhielt, zu diesem bereits vorhandenen Werk Flügel zu bemalen, hat sich offenbar gründlich mit diesem Problem beschäftigt und eine Lösung gesucht, die zu der Wirkung passt, welche die große, mit Details angefüllte Fläche verursacht. Die Flügel sind Stück für Stück mit Szenen geschmückt, deren Figuren stark in den Vordergrund gestellt sind und so viel Platz einnehmen, dass weder Landschaft noch Architektur

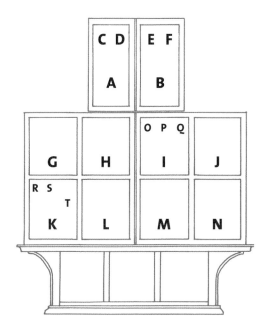

einen störenden räumlichen Effekt ausüben. Dadurch wirken die Gemälde auf den Innenseiten der Flügel etwas archaischer als die offeneren Kompositionen auf den Außenseiten. Zu sehen sind die Szenen aus dem Leben Christi, die den in den Skulpturen dargestellten unmittelbar vorausgehen oder sich daran anschließen (▶ Abb. S. 74/75). Nur in zwei Fällen werden Szenen sowohl auf den Flügeln als auch im Schrein dargestellt: der Judaskuss und Petrus, der Malchus das Ohr abschlägt. Allerdings hat der Entwerfer des Programms sich die Freiheit genommen, die aus größerem Abstand nicht erkennbaren Episoden nach dem Kreuzestod, wie sie in den kleinen Gruppen in der Hohlkehle dargestellt sind, teilweise auf den Flügeln zu wiederholen. Es handelt sich dabei um die Auferstehung aus dem Grabe und die Himmelfahrt. Auch hier ist wieder der stets in Parallelen zwischen Altem und Neuem Testament denkende theologische Geist spürbar. So umgeben der drohende Opfertod von Abrahams einzigem Sohn und die zur Rettung der ster-

benden Juden aufgerichtete eherne Schlange als Seitenflügel des Altarauszuges die Kreuzigungsszene, die hoch über dem Wirrwarr des Mittelteiles aufragt. Wie in der vorreformatorischen Ikonografie üblich, wird der Erlösungsbericht nicht mit der Niederkunft des Heiligen Geistes, sondern mit dem apokryphen Ende der Evangelistenperiode, mit dem Tode der Mutter Christi, beschlossen.

Auch auf diesen Seiten der Flügel zeigt der Maler seine verblüffende Fähigkeit, von hochgestimmter Wiedergabe großer Ideen überzugehen auf die Wirklichkeit, die ihn umgab. So sieht man auf der Handwaschung des Pilatus eine Reihe unbewegt zuschauender Leute von großer individueller Ausprägung, die schon spätere holländische Schützenporträts vorwegnehmen. Es handelt sich wahrscheinlich auch hier um Mitglieder der Bruderschaft Unserer Lieben Frau, die den Altar gestiftet hat (▶ Abb. S. 11).

Die Gemälde des Jan Joest gehören zu den Höhepunkten dessen, was die letzte Genera-

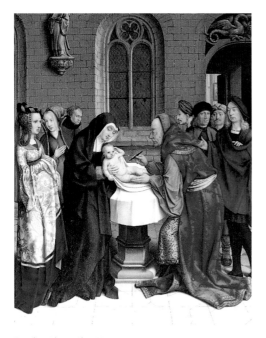

Beschneidung Christi

Anbetung der Könige

Taufe Christi

Verklärung Christi

Jan Joest, Flügel des Hochaltars: Tafeln der Außenseiten (▶ Schema S. 77)

Darstellung im Tempel

Der zwölfjährige Jesus vor den Schriftgelehrten

Christus und die Samariterin

Auferweckung des Lazarus (mit Kalkarer Marktplatz und
der Front der Dominikanerkirche)

tion der altniederländischen Maler vor der Renaissance geleistet hat. Wir können uns nur schwer vorstellen, welchen Eindruck diese Gemälde auf die Niederrheiner gemacht haben, die von Haus aus nur die eher erzählende und distanzierende Malweise der Baegerts oder der traditionelleren Kölner Künstler gewohnt waren. Die Kirche besaß viele Beispiele dieser einheimischen Malerschulen, z. B. die Predella mit den Brustbildern von Heiligen und den 1826 nach Antwerpen verkauften Annenaltar von Jan und Derik Baegert oder die anonymen kölnischen Flügel des Georgsaltars sowie das anspruchslose Triptychon mit der Gregorsmesse. Letzteres wurde ungefähr in der gleichen Zeit, als Jan Joest die Altarflügel schuf, von einem Gehilfen des Kölner Meisters der Heiligen Sippe gemalt und 1599 in ein Epitaph umgewandelt.

Auch als das Interesse für mittelalterliche Kunst einen Tiefpunkt erreicht hatte und man die Skulptur als Äußerung kindlichen Aberglaubens missachtete, blieb die Wertschätzung für das Werk von Jan Joest bestehen, wenn man auch nicht mehr wusste, wer der Maler gewesen ist. Man zog es vor, ihn mit dem Namen des einzigen berühmten Renaissancekünstlers vom Niederrhein in Verbindung zu bringen, nämlich mit Jan Stephan von Calcar (Kalkar 1499–1546/50 Neapel), der im 16. Jahrhundert als Schüler und Mitarbeiter Tizians in Venedig und Rom zu Ruhm und Ansehen gelangte (▶ Abb. S. 35).

Als Arbeit dieses Künstlers, dessen Leben und Werk von Joachim von Sandrart in seiner »Teutschen Academie der edlen Bau-, Bild-, und Mahlerey-Künste« 1675 gewürdigt wurde, finden die Altarflügel als erste Kunstwerke von St. Nicolai Eingang in die Literatur. 1748 beschreibt der klevische Badearzt Dr. Johann Heinrich Schütte in seinen »Amusemens des Eaux de Clèves« die am »hohen Altar gemahlte Flügel, welche der berühmte Jan von Calcar geschildert hat«. Auf die Szene der Handwaschung des Pilatus geht er näher ein und berichtet von der Frau mit der weißen Mütze, die von dem Maler an prominenter Stelle zwischen den Zuschauern dargestellt wurde. Es handelt

sich hier, nach Schütte, um eine Bäckersfrau, die den Maler erwischte, als er im Vorbeigehen einige Brote aus ihrem Laden stahl. Sie rannte hinter ihm her durch die Gassen Kalkars, beschimpfte ihn und entriss ihm die Brote. Der Maler schwor, dass er Rache nehmen würde, und zwar so, dass man noch nach ihrem Tode über die Frau lachen würde. So malte er sie, stehend zwischen den »Juden« und mit einer weißen Betthaube als Kopfbedeckung. Diese Anekdote ist in Kalkar noch heute den Bürgern geläufig und wird gerne und häufig bei den Kirchenführungen erwähnt. Wahrscheinlich handelt es sich aber bei dieser Frau um die Gattin des Pilatus, die in einem Traum Mitteilung von der Unschuld Christi erhielt und ihren Mann davon zu überzeugen versuchte.

Nach seinem Besuch in St. Nicolai im Jahr 1816 notiert der preußische Baumeister Karl Friedrich Schinkel in seinem Tagebuch, dass die Bilder zwar von »Johann von Calcar, der zu Tizians Zeit lebte und späterhin auch dessen Schüler wurde« stammten, aber doch wohl aus der Zeit bevor er nach Italien ging, da sie »ganz den altniederländischen Charakter« haben. 1833 ordnete Sulpiz Boisserée den Maler zwischen Hans Memling aus Brügge und Jan van Scorel aus Utrecht ein. Erst im letzten Viertel des 19. Jahrhunderts, nach den Quellenforschungen von Nordhoff und Wolff, gewinnt die Identität des Malers als »Jan Joest«, der in Kalkar und auch in Haarlem tätig war, Kontur. Nur wenige andere Werke können ihm zugeschrieben werden. Der archivalisch belegte Hochaltar der Abteikirche von Essen-Werden ist verloren gegangen. In der Kathedrale von Palencia in Spanien befindet sich ein Retabel der Sieben Schmerzen Mariens aus den Jahren 1505/06, das unmittelbar vor dem Kalkarer Hochaltar entstanden ist. Jan Joest ist nicht nur in Kalkar sondern auch in Haarlem nachweisbar, wo er 1519 in St. Bavo beerdigt wurde.

Jan Joest, Außenseite des linken
Flügels am erhöhten Mittelteil des
Hochaltars. Unten die Verkündigung,
in der Landschaft im Hintergrund
eine Darstellung von Gideons Vlies
(links), das alttestamentliche
Gegenbild der Verkündigung, und
die Heimsuchung Marias (rechts)

Der Jakobussaltar

Der erste Altar, der 1818 zerlegt worden war und dessen in der Kirche verstreute Einzelteile bei der großen Restaurierung um 1970 zu einem neuen Altargehäuse zusammengeführt wurden, war der Jakobusaltar.

Die Predella des Jakobusaltars mit den Brustbildern von sechs Heiligen und dem Gekreuzigten auf rotem Grund datiert von ca. 1460 und könnte in Zusammenhang mit der Stiftung einer Vikarie am Jakobusaltar im Jahr 1462 stehen. Auch der verloren gegangene und nun wieder rekonstruierte Schrein mit den drei Einzelbildwerken des thronenden hl. Jakobus Maior sowie der Standfiguren des hl. Petrus und des hl. Mattäus dürfte seine Entstehung der Stiftung einer Vikarie zu verdanken haben, vermutlich derjenigen der Kalkarer Bürger Johann und Elisabeth Becker im Jahr 1503. Es liegt nahe, in den beiden zu Füßen des thronenden hl. Jakobus knienden Stiftern in Pilgertracht Bildnisse dieses Ehepaares zu vermuten, das möglicherweise eine Pilgerfahrt zum Grab des Heiligen nach Santiago de Compostela gemacht hat.

Der hl. Jakobus sitzt auf einem reich verzierten Thron. Auf seinem Hut trägt er das Symbol der Pilger nach Santiago, die Muschel. In seiner rechten Hand hält er den Pilgerstab und ein Beutelbuch. Zu seinen Füßen kniet auf dem Sockel des Throns das Pilgerpaar in Verehrung des Heiligen. Seine linke Hand legt Jakobus segnend auf das Haupt der Frau. Die Skulptur zählt zu den eindrucksvollsten Darstellungen des seit spätkarolingischer Zeit in ganz Europa verehrten Heiligen.

Bei der Rekonstruktion des Altars konnte für die Form und Größe des Schreingehäuses von den erhaltenen Flügeln ausgegangen werden, die um 1630 bis 1640 von dem in Kalkar ansässigen Maler Hendrik 's Groten bemalt wurden. Sie zeigen auf der Innenseite links das Martyrium des Apostels, der 44 n. Chr. in Jerusalem enthauptet wurde. Auf der Innenseite rechts das Martyrium des hl. Jakobus Minor, der, nachdem er von den Mauern Jerusalems geworfen worden war, erschlagen wurde. Einer

der Türme ähnelt dem Klever Schwanenturm. Die Rückseiten der Flügel weisen eine gemalte Marmorierung auf. Am linken Flügel findet sich das Monogramm IHS mit drei Nägeln, am rechten das Monogramm MRA mit einem von einem Pfeil durchbohrten Herz.

Der neue Schrein bietet den drei erhaltenen Figuren Platz für eine Aufstellung nebeneinander. Die Kielbogen der Seitenflügel entsprechen in geschlossenem Zustand genau der Breite des thronenden Jakobus. Der verbleibende Raum stimmte mit dem für die beiden Standbilder erforderlichen Platz überein, wodurch quasi eine Bühne für die drei Einzelbildwerke entsteht.

Die Skulptur des hl. Jakobus wurde 1970 dem Meister der Emmericher Leuchterkrone zugeschrieben. Er war ein Schüler des Meisters Arnt und wurde nach einem Marienleuchter in der St. Aldegundiskirche in Emmerich benannt. Nach neueren Erkenntnissen handelt es sich bei den diesem Meister zugeschriebenen Skulpturen um das Frühwerk des klevischen Bildhauers Dries Holthuys (tätig um 1490 – 1515). Der Einfluss Arnts spiegelt sich vor allem im harten, gratigen Faltenstil wider. Dem hl. Jakobus nächst verwandt ist eine Anna selbdritt von Holthuys in der Skulpturengalerie der Staatlichen Museen zu Berlin. Auch die Bildwerke von Petrus und Mattäus, die den hl. Jakobus flankieren, entstammen der Werkstatt des Dries Holthuys.

Die Predella befand sich von 1818 bis 1975 unter dem Johannesaltar und zeigte bis zur Restaurierung 1959 gemalte Heilige auf rotem Grund mit einem Sternendekor, das sich als eine neugotische Zutat erwies und entfernt wurde. Von links nach rechts ein Mönch, die hl. Agatha mit ihrem Attribut, einer Zange, als Hinweis auf ihr Martyrium, bei dem ihr alle Zähne ausgerissen wurden, und die hl. Barbara, der Gekreuzigte, ein hl. Diakon sowie die hll. Cosmas und Damian, Gelehrte und Patrone der Ärzte. Die Malereien entstanden um 1460.

Jakobusaltar

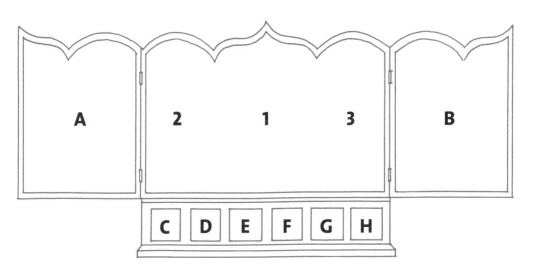

Jakobusaltar

**Schrein mit Skulpturen von Dries Holthuys
und seiner Werkstatt, um 1503:**

1   Hl. Jakobus Maior mit den beiden Stiftern:
    wahrscheinlich das Kalkarer Ehepaar
    Johann und Elisabeth Becker
2   Hl. Petrus
3   Hl. Mathäus

**Flügel, gemalt von Hendrik 's Groten,
um 1630–1640:**

A   Enthauptung des Hl. Jakobus Maior
B   Martyrium des Hl. Jakobus Minor

Predella, niederrheinisch, um 1460:

C   Hl. Mönch
D   Hl. Agatha
E   Hl. Barbara
F   Christus am Kreuz
G   Hl. Mönch
H   Hll. Cosmas und Damian

Crispinus- und Crispinianusaltar mit Patronen und Muttergottes. Die barocken Flügel zeigen die Heiligenlegende.

Der Crispinus- und Crispinianusaltar

Im Rahmen der Restaurierung von 1997 bis 2000 wurde dieser Altar rekonstruiert. Bis 1818 stand er an der Außenwand des südlichen Seitenschiffes im vorletzten östlichen Joch. Das Werk wurde auch Altar der Muttergottes in der Sonne genannt. Seit der Altar 1818 zerlegt wurde, ist die Figur der Muttergottes verschollen (verkauft oder verloren).

Nach den Quellen wurde eine Vikarie auf dem Crispinusaltar von dem Vikar Adam Haelt genannt Schoenmeckers (= Schuhmacher, deren Patrone die Altarheiligen waren), per Testament gestiftet. Er war eines der führenden Mitglieder der Bruderschaft Unserer Lieben Frau und starb 1506. Der Crispinus- und Crispinianusaltar diente der gleichnamigen Gilde, die 1489 den Gildebrief für das Schuhmacherhandwerk erhalten hatte.

Der Altar setzt sich aus mehreren, in unterschiedlichen Zeiten entstandenen Teilen zusammen. Die Predella, die sich von 1847 bis 1997 unter dem Annenaltar befand, besteht aus fünf Tafelbildern, von denen die mittlere die hl. Anna selbdritt zeigt, flankiert von den Brustbildern vierer Heiligenpaare. Von links:

Johannes der Evangelist und Jakobus Maior, Simon und Jakobus Minor, die hl. Anna selbdritt, ein hl. Bischof und die hl. Barbara sowie der hl. Laurentius und die hl. Elisabeth. Die Gemälde werden dem Meister des Münsterer Nikolaustodes, einem wohl wie der Maler des Kalkarer Marientodes in der Generation vor Derik Baegert am Niederrhein tätigen Maler, zugeschrieben und um 1470 datiert.

Über der Predella befindet sich das neue Altargehäuse, dessen Maße durch die Predella und die ebenfalls erhaltenen barocken Altarflügel rekonstruiert werden konnten. In dem Schrein, dessen drei Gefächer eine blaugrüne Bemalung erhalten haben, flankieren die Standbilder von Crispinus und Crispinianus eine 1999 erworbene spätgotische, angeblich Ulmer Muttergottesfigur, deren Fassung mit den originalen Polychromierungen der beiden Schuhmacherpatrone korrespondiert.

Die Heiligen Crispinus und Crispinianus waren Brüder, die einer bedeutenden Familie in Rom entstammten und sich zum Christentum bekannt hatten. Vor der Christenverfolgung des Kaisers Diokletian flohen sie zusammen mit dem Bischof Dionysius (St. Dénis, einem der wichtigsten Heiligen Frankreichs) von Paris

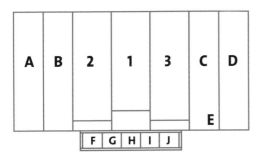

Crispinus- und Crispinianusaltar

Schrein, drei Skulpturen:
1 Muttergottes, süddeutsch, Anf. 16. Jahrhundert
2 Hl. Crispinus und
3 Hl. Crispinianus, vermutlich von Kerstken
  van Ringenberg, um 1510

Altarflügel, Gemälde aus dem 17. Jahrhundert:
A Crispinus und Crispinianus stehend im Kessel mit
  flüssigem Blei
B Crispinus und Crispinianus werden geprügelt;
  Henker schneiden Streifen aus ihrer Haut.
C Kaiser Maximianus lässt die beiden enthaupten.
D Crispinus und Crispinianus werden auf Mühlsteinen
  gebunden in die Aisne gestürzt.
E Kniender Stifter, vermutlich Johann Venedien

**Predella, Gemälde vom Meister des
Münsterer Nikolaustodes, um 1470:**
F Johannes der Evangelist und hl. Jakobus Maior
G Hl. Simon und hl. Jakobus Minor
H Hl. Anna selbdritt
I Hl. Bischof und hl. Barbara
J Hl. Laurentius und hl. Elisabeth

nach Soissons in Nordfrankreich. Hier erlernten sie das Schuhmacherhandwerk, bauten so einen engen Kontakt zur Bevölkerung auf und bekehrten zahlreiche Menschen, bis sie im Jahr 287 auf Befehl des Präfekten Rictiovarus gemartert und umgebracht wurden. Zunächst versuchte man Crispinus und Crispinianus an einem Mühlstein festgebunden in der Aisne zu ertränken. Als dies nicht gelang, wurden die beiden Brüder enthauptet. Die Skulptur des Crispinianus hatte als Attribut einen Mühlstein, der auf den Ertrinkungstod verwies und 1970 verloren gegangen ist.

Die beiden Bildwerke der Patrone der Schuhmacher sind, wie alle Kalkarer Skulpturen, aus Eichenholz gefertigt und zeigen die Heiligen in gefalteten, knielangen Gewändern, die mit reich bearbeiteten, in Relief ausgeführten und mit Edelsteinen besetzten Säumen verziert sind. Über die Schulter tragen sie mit vielen Falten versehene Mäntel, die mit Schnüren zusammengehalten werden, und auf dem Haupt damals hochmoderne, flache Barette. Die beiden Figuren von Crispinus und Crispinianus zeichnen sich durch ihre ungewöhnlich kostbare Fassung aus, die in Kalkar nur in der Goldenen Madonna und dem Georgsaltar von Meister Arnt sowie in den Figuren des Jakobusaltars ihresgleichen findet. Die reiche Gold- und Lüsterfassung in Rot und Azurit mit punzierten Motiven und das porzellanartige, fein nuancierte Inkarnat kontrastieren mit den anderen Farben, vor allem Purpur und Blau. Die Fassung wurde 1966 bis 1968 in der Werkstatt des Rheinischen Amtes für Denkmalpflege freigelegt.

Die Bildwerke des Heiligenpaares dürften nach der sehr ausgeprägten Mode um 1510 entstanden sein, erst einige Jahre nach der Stiftung von Adam Haelt. Die Figuren werden Kerstken van Ringenberg zugeschrieben, dem Bildhauer, der für einen Teil des Kalkarer Marienleuchters verantwortlich war. Dieser hat nach seiner Einbürgerung in Kalkar 1508 hier mehrere wichtige Aufträge erhalten. Nach der Übersiedlung von Henrik Douverman nach Kalkar 1515 wurde er bei wichtigen Aufträgen wohl nicht mehr berücksichtigt. So bewarb er sich außerhalb der Stadt. Im Jahr 1516/17 lieferte er ein Sakramentshaus aus Sandstein für die Kirche von Venray (Niederlande), das 1802 abgebrochen wurde.

Die Altarflügel stammen aus dem 17. Jahrhundert. Sie befanden sich im 19. Jahrhundert am Annenaltar, als dieser noch im Südchor stand (1818–1901/02). Im 20. Jahrhundert wurden sie in der Sakristei aufbewahrt. In vier Szenen ist die Legende von Crispinus und Crispinianus dargestellt. Bei dem knienden Stifter handelt es sich vermutlich um Johannes Venedien (gest. 1698), Vikar der St. Nicolaikirche. Die Rückseiten sind bemalt mit jeweils zwei Rauten (oben), Kreisen (Mitte) und Rhomben (unten) vor rot marmoriertem Grund. Die Qualität der Malerei ist bescheiden.

Ludwig Jupan, Marienaltar: Verkündigung

Der Marienaltar

Bis 1818 stand der Marienaltar am Eingang des Südchores. Damals wurde er wenige Meter weiter an seiner heutigen Stelle, auf die Mensa des Jakobusaltars an der Südseite des Choreinganges, aufgestellt.

Der Marienaltar hat eine Predella mit Szenen aus der Vita des Evangelisten Johannes. Vermutlich handelt es sich um eine Stiftung des 1512 oder 1513 verstorbenen Johann Koppers. Die von ihm gestiftete Vikarie war wohl mit einem anderen Johannesaltar verbunden, so dass das Programm des Retabels zwei Themen umfasst. Möglicherweise bietet eine Zahlung der Bruderschaft Unserer Lieben Frau für Verzehrkosten bei der Ablieferung einer Altartafel durch »Meister Loedewich« (Ludwig Jupan) aus den Jahren 1507/08 eine Datierung für den heute noch vorhandenen Marienaltar. Dieser besteht aus einem nicht sehr tiefen, rechteckigen Schrein mit erhöhtem Mittelteil, der die senkrechte Mittelachse betont.

Die neun Gruppen, die alle ein geschlossenes Thema aus dem Marienleben behandeln, sind ohne Abgrenzung neben- und übereinander in das Gehäuse gesetzt. Um die Felder zu bündeln, hat Ludwig Jupan sie in deutlich erkennbare Zonen gegliedert, von denen die untere einen besonderen Akzent auf die im Vordergrund agierenden menschlichen Gestalten legt. Die mittleren und oberen Zonen werden durch eine immer größere Tiefenwirkung bestimmt. Hierdurch erhält der Altar insgesamt einen stufenartigen Aufbau und eine staffelartige Wirkung. Die Folge der Gruppen wird weniger durch den historischen Ablauf der Erzählung bestimmt, als vielmehr durch die Komposition des Ganzen. Das Marienleben beginnt links oben mit der Ablehnung von Joachims Opfer und wird dann rechts fortgesetzt mit Mariä Tempelgang. Danach verläuft die Folge in den beiden unters-

Ludwig Jupan, Marienaltar. Die Flügel stammen vom ehemaligen Sebastianusaltar.

ten Zonen normal von links nach rechts. Die zentrale Stelle nimmt die Verkündigung ein, darüber befindet sich die Darstellung des Marientodes und im erhöhten Mittelteil die Aufnahme Mariens in den Himmel, die von einer jubelnden Engelschar umrahmt wird.

Predella

Die drei Szenen aus dem Leben des hl. Evangelisten Johannes in der Predella sind bühnenartig konzipiert und zeigen von links nach rechts das Martyrium des Evangelisten in einem Kessel mit siedendem Öl, Johannes auf Patmos, während er die Offenbarung schreibt, und seinen Tod vor dem Altar in der Kirche zu Ephesus. Die Provenienz der Predella ist unsicher. Sie könnte von einem älteren Johannesaltar stammen und wurde in der Werkstatt des Ludwig Jupan geschaffen.

Im Vergleich zu dem Stil von Ludwig Jupans Gruppen im Hochaltar sind die Figuren des Marienaltars langgestreckter und machen – auch wegen des Themas – einen weniger expressiven Eindruck. Jupan zeigt hier eine große Kenntnis der Mode zu Beginn des 16. Jahrhunderts. Charakteristisch sind auch die dargestellten Säulenfragmente, die auf Interesse und Kenntnis der Antike verweisen. Sie fungieren hier als Gliederungselemente für die Felder und leiten zu den Nachbarszenen über. Der

Marienaltar

Schrein, Skulpturen von Ludwig Jupan, 1506–1508:

1 Zurückweisung des Opfers Joachims
2 Joachim zieht sich zu seinen Schafen zurück.
3 Begegnung von Joachim und Anna vor der Goldenen Pforte
4 Tempelgang Mariens
5 Vermählung von Maria und Josef
6 Verkündigung
7 Heimsuchung
8 Geburt Christi
9 Beschneidung Christi
10 Anbetung der Könige
11 Darstellung im Tempel
12 Sterbebett Mariens
13 Himmelfahrt Mariens
14–21 Acht Propheten (F. Langenberg 1901–1902)

Predella, Skulpturen von Ludwig Jupan, 1506–1508:

22 Johannes im Ölkessel vor der Porta Latina zu Rom
23 Johannes auf Patmos
24 Tod des Johannes in Ephesus

Flügel, ursprünglich am Sebastianusaltar, niederrheinisch, um 1525–1530:

A Der hl. Sebastian stärkt die Märtyrer Marcus und Marcellinus. Währenddessen sieht die stumme Gemahlin des Gefangenenwärters, Zoë, einen Engel mit einem Buch, in dem die Worte des Sebastian geschrieben sind und kann wieder sprechen.
B Sebastian tröstet Gefangene in einem Kerker.
C Sebastian wird mit Pfeilen durchbohrt.
D Irene zieht mit Hilfe eines Engels dem als tot betrachteten Sebastian die Pfeile aus den Wunden.
E Sebastian wirft den Kaisern Maximian und Diokletian ihre Christenverfolgungen vor.
F Sebastian wird durch Stockschläge zu Tode geknüppelt.
G Der Leichnam des hl. Sebastian wird in eine Kloake geworfen.
H Begräbnis des hl. Sebastian
I Die Heiligen Antonius Abbas, Sebastian und Papst Cornelius
J Die Heiligen Hubertus, Christophorus und Quirinus

Ludwig Jupan, Marienaltar: Darstellung im Tempel

Altar ist eine selbstständige Arbeit des Ludwig Jupan, bei der er sich nicht – wie beim Hochaltar einige Jahre zuvor – nach einem bereits festgelegten älteren Programm und nach bereits von einem anderen Meister (Arnt) vollendeten Teilen richten musste.

Anders als beim Hochaltar, der auf eine Fassung hin konzipiert war, gibt es aufgrund der unterschiedlichen Oberflächenbehandlung des Holzes, das verschiedene Materialien suggeriert, Hinweise, dass der Marienaltar holzsichtig konzipiert wurde.

Bei der Restaurierung um 1900 wurden durch Ferdinand Langenberg die Füllungen der Hohlkehlen, das Rankenwerk und die Propheten erneuert. Gleichzeitig wurde der Altar dunkel gebeizt, wodurch die Wirkung sehr beeinträchtigt wurde.

Ludwig Jupan hat bei seinen Kompositionen öfters grafische Vorlagen verwendet, so wie dies in der spätmittelalterlichen Werkstattpraxis üblich war. Für die Anbetung der Könige hat der Bildhauer einen Kupferstich von Martin Schongauer benutzt. Für die Szene des Martyriums des Evangelisten Johannes in der Predella verwertete er den Holzschnitt desselben Themas von Albrecht Dürer aus dem Jahr 1504. Auch die Druckgrafik von Israhel van Meckenem muss in seiner Werkstatt gut bekannt gewesen sein.

Die Altarflügel

Erst 1638 erhielt der Altar bemalte Flügel, auf denen die Rosenkranzspende an den hl. Dominikus und Szenen aus dem Leben des hl. Ignatius dargestellt sind. Bei der Neuaufstellung des Altars im Jahr 1818 wurden die Flügel abmontiert. Von den barocken Flügeln hat sich die Rosenkranzspende in der Pfarrei erhalten, während die Szene mit dem hl. Ignatius verloren gegangen ist.

1818 wurden die an sich viel zu kleinen Flügel des abgebrochenen Sebastianusaltars vergrößert und für den Marienaltar passend gemacht. Diese Altarflügel zeigen auf den Innenseiten Szenen aus der Vita des überall in Europa gern gegen die Pest angerufenen hl. Sebastianus und sein Martyrium. Auf dem linken Innenflügel unterstützt der jugendliche Christ, der Offizier der Leibgarde des Kaisers Diokletian in Rom war, die Märtyrer Marcus und Marcellinus in ihrem Glauben. Währenddessen sieht die stumme Gemahlin des Gefangenenwärters, Zoë, einen Engel mit einem aufgeschlagenen Buch, in dem die Worte des Sebastian geschrieben sind und kann wieder sprechen. Oben links tröstet Sebastian Gefangene in einem Kerker. Wegen seines Bekenntnisses zum Christentum befiehlt Kaiser Diokletian, ihn zu töten. Seine Soldaten binden ihn an einen Baumstamm auf dem Campus Martius, wo er mit Pfeilen hingerichtet wird. Die Witwe Irene zieht oben rechts mit Hilfe eines Engels die Pfeile aus seinem Körper und stellt fest, dass er nicht tot ist. Die Vita des Heiligen wird auf der Innenseite des rechten Flügels fortgesetzt. Sebastian wirft den Kaisern Maximian und Diokletian ihre Christenverfolgungen vor. Darauf wird Sebastian gefangen genommen und auf dem Campus Maximus durch Stockschläge zu Tode geknüppelt. Sein Leichnam wird in die Große Kloake geworfen, aber die Christin Lucina holt ihn wieder heraus und be-

Ludwig Jupan, Marienaltar: Anbetung der Hl. Drei Könige

stattet ihn »ad catacombas«, in der heutigen Sebastianuskatakombe. Sebastian genoss als Märtyrer und Heiliger in ganz Europa eine große Beliebtheit. In Rom war er sogar der dritte Patron der Stadt.

Zwischen den Zuschauern bei den Szenen erkennt man auf beiden Flügeln eine Reihe von Bürgern mit individuellen Gesichtszügen, gekleidet nach der Mode von 1520 bis 1530. Mit Sicherheit handelt es sich hier um Porträts von Mitgliedern der St. Sebastianusbruderschaft, die hier als die Stifter des Altars dargestellt sind. Es sind die ersten Bildnisse Kalkarer Bürger nach den Porträts der Mitglieder der Bruder-

schaft Unserer Lieben Frau auf den Flügeln des Hochaltars in St. Nicolai.

Auf den Außenseiten der Flügel sind links der hl. Sebastian, flankiert von den zwei himmlischen Marschällen Antonius Abbas und Papst Cornelius, und rechts der hl. Christophorus, flankiert von den beiden anderen himmlischen Marschällen Hubertus und Quirinus, dargestellt. Die Gemälde sind wohl um 1525 bis 1530 in einer niederrheinischen Werkstatt entstanden. In den Physiognomien männlicher Gestalten und den Porträts der Mitglieder der Sebastianusbruderschaft ist ein gewisser Einfluss von Jan Baegert erkennbar.

Der Sieben-Schmerzen-Altar

1515 wurde Henrik Douverman in Kalkar ansässig, zwei Jahre nachdem die Kirchmeister der Klever Stiftskirche ihm die Vollendung eines Marienaltars, mit dem er 1510 beauftragt worden war, untersagt hatten. Zwei Jahre später, 1517, wurde ihm das Kalkarer Bürgerrecht verliehen. Zwischen 1518 und 1524 hat Douverman kostenlos in einem Haus an der Wallstraße, das der Kirchengemeinde gehörte, gewohnt.

Es scheint, dass Douverman sich sehr gut und leicht in die kleine Gemeinschaft Kalkars eingefügt hat. Nur drei Jahre nach seiner Ankunft, im Juni 1518, sollte er jenen Auftrag erhalten, der seit dem 19. Jahrhundert zu einem wesentlichen Teil seinen Ruhm und den Ruhm Kalkars ausmacht, nämlich die Anfertigung des Sieben-Schmerzen-Altars.

In den Kirchenrechnungen ist festgehalten, dass am Samstag, dem 15. Juni 1518, Bürgermeister Rutger Ghiesen mit seinem Gesellen, einigen Schöffen und Rentmeister Hanns mit Henrik Douverman einen Vertragsabschluss in »Thoenis Haus« (wohl das Haus des Schöffen Thoenis Sticker) festlich mit Wein begangen hatte. Obwohl der Sieben-Schmerzen-Altar nicht ausdrücklich erwähnt wird, darf davon ausgegangen werden, dass es sich um diesen Auftrag handelt. Am 29. März 1519 bürgt Hans Molnar, ein Kalkarer Bürger, vor dem Kalkarer Richter mit all seinen Besitzungen und garantiert die Fertigstellung des Sieben-Schmerzen-Altars durch Henrik Douverman bis Weihnachten desselben Jahres. In der erhaltenen Urkunde wird der 1518 in Anwesenheit des Bürgermeisters und seines Gesellen abgeschlossene Vertrag als Basis für die Verhandlungen erwähnt. Das genaue Datum der Fertigstellung des Altars ist nicht überliefert. Zu Ostern 1522 kam der Kölner Weihbischof nach Kalkar, um den neuen Altar einzuweihen.

Neuerdings wird vermutet, dass der Altar zu dieser Zeit bereits ein Jahr fertig war und dass er bis zum 30. April 1521 vollendet war, da zu dieser Zeit mehrere Zahlungen an Douverman in den Rechnungen der Bruderschaft Unserer Lieben Frau erwähnt sind.

Anlass für die Anfertigung eines neuen Retabels war ein wohl aus dem 14. Jahrhundert stammendes Gnadenbild. Ähnlich wie bereits beim Marienaltar in der Stiftskirche zu Kleve, das als kostbares Gehäuse für eine ältere, aus dem späten 14. Jahrhundert stammende sitzende Marienstatue konzipiert war, sollte auch der neue Kalkarer Marienaltar der bildhaften Präsentation einer verehrten Statue, und zwar einer »Onser Lieven Vrouwe ter Noet«, d. h. eines Vesperbildes, dienen. Der Schrein sollte dazu einen Zyklus mit den Darstellungen der Sieben Schmerzen Mariens aufnehmen. Als Standort für den neuen Schrein wurde die sogenannte »Alte Sakristei« gewählt, die durch den Bau einer neuen Sakristei an der Südseite der Kirche 1505/06 überflüssig geworden war und durch die Öffnung der Mauerfläche in Form eines Spitzbogens zum »neuen«, kapellenartigen Nordchor der Kirche gemacht wurde. Hier wurde das bis dahin auf dem Eligiusaltar an der Westseite der Kapellenwand platzierte Gnadenbild unter einem Baldachin auf dem neuen Altar aufgestellt. Zehn Jahre sollte das Bildwerk hier stehen, bis die Absicht der Kalkarer, das verehrte Bildwerk zum Zentrum eines repräsentativen und würdigen Altars zu machen, in die Tat umgesetzt werden konnte, und es scheint, dass hier Bruderschaft, Kirchengemeinde und Stadt intensiv zusammengearbeitet haben. Fast vierhundert Jahre blieb dieser neue Altar hier in der Kapelle »Unserer Lieben Frau zur Not« stehen. Sogar 1818 war der Sieben-Schmerzen-Altar neben dem Hochaltar das einzige Retabel, das unberührt an seiner alten Stelle verbleiben durfte. Nur eine, wenn auch wesentliche Änderung gab es zu dieser Zeit. Das Vesperbild war zu Anfang des 19. Jahrhunderts so morsch geworden, dass es 1811 entfernt und durch ein in Köln erworbenes Bildwerk aus der Mitte des 18. Jahrhunderts ersetzt wurde. Dieses Bildwerk wurde seinerseits im Jahr 1900 von Ferdinand Langenberg durch ein neugotisches, aus Eichenholz geschnitztes, in der Tradition des Altars ungefasstes Bildwerk ersetzt. Die barocke Skulptur befindet sich heute vor der Schatzkammer.

Die Wiederherstellung 1898 bis 1900 bedeutete gleichzeitig, dass der Altar seinen ange-

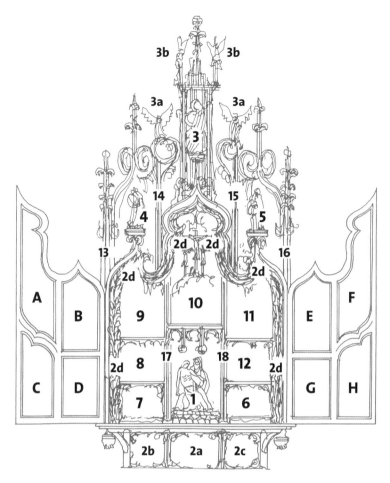

Sieben-Schmerzen-Altar

Predella, Schrein und Gesprenge von Henrik Douverman, 1518 – 1521/22:

1 Pietà (von Ferdinand Langenberg, 1900, an Stelle des ursprünglichen Gnadenbilds)
2 Wurzel Jesse, bekrönt von der Muttergottes (3)
  a Schlafender Jesse zwischen dem Propheten Jesaja und dem Stammvater Abraham
  b David mit der Harfe
  c Salomon mit Zepter
  d Vorfahren Christi in den Ästen der Wurzel Jesse
3 Muttergottes umgeben von
  a Weihrauchfass schwenkenden und
  b musizierenden Engeln
4 Kaiser Augustus und die Sibylle von Tibur, die ihn in einer Vision

einen neugeborenen Weltfürsten offenbart
5 Johannes auf Patmos, dem ein Engel die Vision der apokalyptischen Frau mit ihrem Sohn offenbart

Die Sieben Schmerzen Mariä
6 Darbringung im Tempel
7 Flucht nach Ägypten mit dem Sturz des Götzenbildes
8 Der zwölfjährige Christus vor den Schriftgelehrten
9 Die Kreuztragung Christi
10 Kreuzigung
11 Kreuzabnahme
12 Grablegung Christi

Fialen mit Nischen, in denen kleine Heiligenfiguren stehen
13 Hl. Stephanus und hl. Abt
14 Zwei Propheten

15 Zwei Propheten
16 Hl. Helena und Bischof (Augustinus?)
17 Apostel und Bischof (erneuert), die ursprünglich dritte Figur (Synagoge) fehlt
18 Ecclesia, Bischof (erneuert) und Apostel

Flügel, Gemälde von Hendrik 's Groten aus Kalkar, 1636:
A Darbringung im Tempel
B Flucht nach Ägypten
C Jesus vor den Schriftgelehrten
D Kreuztragung Christi
E Kreuzigung
F Kreuzabnahme
G Grablegung
H Schmerzensmutter mit den sieben Schwertern und Bildnis des Stifters der Gemälde, einem Kalkarer Vikar

Henrik Douverman, Sieben-Schmerzen-Altar: Predella mit der Wurzel Jesse

stammten Platz erstmals verlassen musste, da er in die neugotische Bildhauerwerkstatt Ferdinand Langenbergs nach Goch transportiert wurde. Nach der Restaurierung erhielt der Sieben-Schmerzen-Altar in dem hellen, südlichen Seitenchor 1899 seinen jetzigen Standort. Die ursprüngliche Aufstellung des Altars im dunklen Nordchor (dessen Ostfenster hinter dem Altar 1611 zugemauert worden war) ist in einer Skizze von Johann Anton Ramboux überliefert ebenso wie in mehreren Aquarellen des niederländischen Malers Johannes Bosboom, der 1850 in Kalkar war, und in einigen Fotografien, von denen die des Flensburger Fotografen Carl Friedrich Brandt von 1868 die frühesten sind (▶ Abb. S. 23). Für die Vollendung des Sieben-Schmerzen-Altars brauchte Henrik Douverman mindestens drei, höchstens vier Jahre. Er war für die gesamte Produktion, vom ikonografischen Konzept, von der Ausführung der einzelnen Gruppen und Figuren bis hin zum Ornamentwerk verantwortlich.

Die Komposition war durch die Aufstellung des Gnadenbildes in der zentralen Nische weitgehend festgelegt. Die sieben schmerzhaften Geheimnisse des Rosenkranzes mussten im Uhrzeigersinn um die zentrale Nische mit dem Vesperbild angeordnet werden. In sieben Kompartimenten sind die Szenen dargestellt, durch zwei Zwischenpfeiler in eine Haupt- und zwei Nebenachsen gegliedert. Um die historische Abfolge der Ereignisse zu gewährleisten und um die wichtigste Szene des Zyklus, die Kreuzigung Christi, in der zentralen Nische des Auszuges, oberhalb des verehrten Vesperbildes, unterbringen zu können, hat Henrik Douverman für das erste Geheimnis, die Darstellung Christi im Tempel, die untere rechte Nische vorgesehen. Mit dieser Szene verbinden sich die Worte des Greises Simeon an Maria: »Und auch deine Seele wird ein Schwert durchdringen.« Dieser Prophezeiung entsprechend hat der Bildhauer ursprünglich alle Marienfiguren in den jeweiligen Szenen mit einem Schwert in der Brust dargestellt. Diese Schwerter sind später entfernt worden oder verloren gegangen, so dass heute nur noch die jeweiligen Löcher an diese drastische Darstellungsart erinnern. An diese Szene schließen im Uhrzeigersinn die Flucht nach Ägypten, unten links, darüber Christus inmitten der Schriftgelehrten im Tempel, die Kreuztragung Christi,

95

Henrik Douverman, Sieben-Schmerzen-Altar: König aus der Wurzel Jesse in Hohlkehle

die Kreuzigung, die Kreuzabnahme und die Grablegung an.

Die Sieben Schmerzen Mariens im Schrein werden in der Predella, im Rankenwerk der Hohlkehlen und in der bekrönenden Figur der Muttergottes im reichen, fantasievollen und für die Tradition der niederrheinischen Bildhauerkunst ungewöhnlichen Altargesprenge, von dem verbindenden, alttestamentarischen Motiv der Wurzel Jesse umgeben (▶ Abb. oben, S. 95 und 126). Diese entspringt in der Altarstaffel aus dem Schoß des Jesse. Jesse ruht auf zwei Kissen auf dem Schoß des Greises, rechts, der wahrscheinlich Abraham als Stammvater Israels darstellt. Der Evangelist Mattäus beschreibt im ersten Kapitel seines Evangeliums die Abstammung Jesu von Abraham über David zu Josef, dem Mann Marias. Links von Jesse steht der Prophet Jesaia, der eine Schriftbanderole hält, einen Hinweis auf seine Prophezeiung, z. B. Jes 11,1: »Aus dem Baumstumpf Isais wächst

ein Reis hervor, ein junger Trieb aus seinen Wurzeln bringt Frucht« oder Jes 7,14: »Die junge Frau/Jungfrau wird empfangen und einen Sohn gebären«.

Weiterhin sind in großen gedrehten Zweigen die wichtigsten Nachfahren Jesses zu sehen: links David mit der Harfe und rechts König Salomon. Das Geäst der Wurzel Jesse setzt sich in den Hohlkehlen fort, an jeder Seite drei Könige und zwei im Astwerk hochkletternde Gestalten. Die Muttergottes mit dem Kind unter einem Baldachin bildet im Gesprenge des Altars die Bekrönung der Genealogie Christi, umgeben von musizierenden und das Weihrauchfass schwenkenden Engeln. Sie ist gleichzeitig die Frau aus der Apokalypse, bekleidet mit der Sonne und auf der Mondsichel stehend. Hierauf bezieht sich die Gruppe rechts im Gesprenge: Johannes schreibt auf Patmos die Apokalypse und ein Engel weist ihn auf die Vision. Links macht die Sibylle von Tibur Kaiser

Henrik Douverman, Sieben-Schmerzen-Altar: Darbringung im Tempel

Augustus in Rom auf den neugeborenen Heiland aufmerksam (▶ Abb. S. 98).

Die Ikonografie des Sieben-Schmerzen-Altars ist weitgehend bestimmt von der besonderen, von Johannes van Coudenberg gegründeten und 1495 päpstlich bestätigten Bruderschaft, die die Verehrung der Sieben Schmerzen Mariä propagierte und verbreitete (van Coudenberg war Pfarrer und Dechant u. a. von St. Salvator in Brügge und später Sekretär von Kaiser Karl V.). Dieser von Brabant und Flandern ausgehende Marienkult entfaltete sich zunächst vor allem im Bereich der Privatandacht, fand aber seit Anfang des 16. Jahrhunderts auch einen öffentlichen Niederschlag in der bildenden Kunst. So weitete auch die Kalkarer Bruderschaft zu dieser Zeit ihre Marienverehrung auf die Sieben Schmerzen und die Sieben Freuden Mariens aus. Bezeichnend ist, dass der 1505/06 fertiggestellte Südchor von St. Nicolai neben dem hl. Johannes dem Evangelisten, auch den Sieben Freuden Mariens geweiht wurde und dass am Eingang bis 1818 der Marienaltar des Ludwig Jupan aufgestellt war. Der Südchor bildet so einen Gegenpol zum Nordchor, der Unserer Lieben Frau zur Not geweiht war. Auch der Marienaltar im Xantener Dom – um 1530 von Henrik Douverman entworfen – ist konzipiert unter besonderer Berücksichtigung der sieben schmerzhaften Geheimnisse des Rosenkranzes.

Der bildhauerische Teil des Sieben-Schmerzen-Altars ist von großer künstlerischer Homogenität. Douverman erweist sich hier nicht nur als ein guter Beobachter, der ebenso, wie Jan Joest dies zwölf Jahre vorher bei den Flügeln des Hochaltars tat, die Prototypen für seine Figuren bei den ihn umgebenden Menschen suchte und fand. In der bravourös gearbeiteten Wurzel Jesse zeigt er sich auch als großer, technisch begabter Virtuose. Die Holzsichtigkeit, mit Ausnahme der drei Gekreuzigten im erhöhten Mittelteil, stellt ein besonderes Phäno-

Henrik Douverman, Sieben-Schmerzen-Altar: Kreuztragung, Kreuzigung und Grablegung. Im Gesprenge links Kaiser Augustus und die Sibylle von Tibur, rechts der hl. Johannes Evangelist, der seine Vision niederschreibt, und ein Engel

men beim Sieben-Schmerzen-Altar dar. An allen Unterteilen des Altars, bei den Figuren in den Gruppen, den Königen im Gestrüpp der Wurzel Jesse aber auch bei allen vom Seitenschiff aus kaum im Detail wahrnehmbaren Figuren im Gesprenge ist eine gleichmäßig durchgehaltene große Sorgfalt bei der Ausführung von unterschiedlichen Holzoberflächenstrukturen feststellbar. Die Punktierungen, Einritzungen, Zick-Zackmuster, reliefierten Säume und die bildhauerische Detailfreude weisen darauf hin, dass Henrik Douverman den Altar nicht für eine Fassung, also holzsichtig konzipiert hat.

Nur die drei Gekreuzigten in der Kreuzigungsszene im Auszug weisen eine spätgotische Fassung auf, sogar eine äußerst verfeinerte. Die Figuren korrespondierten ursprünglich farblich mit dem älteren Vesperbild in der zentralen Nische, das noch aus dem 14. Jahrhundert stammte und dem Geist dieser Zeit entsprechend gefasst war.

Der Sieben-Schmerzen-Altar des Henrik Douverman stellt ein wunderbares Beispiel für eine in wesentlichen Teilen holzsichtig konzipierte Skulptur dar, die sich um 1500 durchsetzt. Berühmte andere Beispiele bilden Tilman Riemenschneiders Münnerstädter Altar (1490–1492, 1504 von Veit Stoß nachträglich gefasst), der Heilig-Blut-Altar in Rothenburg ob der Tauber (1501–1505) und sein Marienaltar (1505–1510) in der Herrgottskirche in Creglingen.

Das Material Eichenholz erhält durch die bis ins letzte Detail durchgeführte, konsequente und ungewöhnlich facettenreiche Oberflächenbehandlung eine Lebendigkeit, die die Leistung des Bildhauers, die bis dahin der des Fassmalers gleich zu setzen war, in den Vordergrund rückt. In weiten Teilen Europas fand zu dieser Zeit die holzsichtig belassene Skulptur Verbreitung, ein Phänomen, das die kunstgeschichtliche Forschung noch nicht abschließend hat klären können. Als Grund wird der Wunsch der Bildhauer genannt, ihre virtuosen Schnitzleistungen nicht länger durch die Fassung verdeckt zu wissen. Als zweiter Grund wird vermutet, dass es sich bei den holzsichtigen Skulpturen um eine Stilrevolution im Zusammenhang mit dem vorreformatorischen Zeitalter handelt. Als dritte Möglichkeit wird die Holzsichtigkeit von Altären und Skulpturen auf den Einfluss der Auftraggeber zurückgeführt. Ob einer der hier angedeuteten Gründe bei Douvermans Sieben-Schmerzen-Altar zutrifft, ist ungewiss.

Die Altarflügel

Der Sieben-Schmerzen-Altar ist von Henrik Douverman ohne Flügel entworfen worden. Der Bildhauer hatte die Außenränder des Schreingehäuses so gestaltet, dass sie den Schrein dekorativ abschlossen. 1546/47 wurden an den vertikalen Teilen des Schreingehäuses die äußeren Bereiche der gestaffelten Profile, die die Hohlkehlen umrahmten, durchgesägt um klappbare Flügel montieren zu können. Fast neunzig Jahre später, 1635, wurden die noch leeren Flügel bemalt. Zu dieser Zeit erhielten eine Reihe von Altären in St. Nicolai neue Flügelgemälde oder wurden noch leer erstmals bemalt, künstlerisch meistens Arbeiten, die den Werken des späten Mittelalters weit nachstehen.

So bemalte der Kalkarer Künstler Hendrik 's Groten, Enkel des berühmten, 1604 in Kalkar verstorbenen Kartografen Christian 's Groten, 1635 die 1546/47 angebrachten Flügel des Altars, merkwürdigerweise erneut mit den Sieben Schmerzen Mariens. Auf der Innenseite des rechten Flügels, rechts unten, ließ sich der Stifter, ein 34 Jahre alter Vikar am Sieben-Schmerzen-Altar der St. Nicolaikirche, im Chorhemd kniend vor der von sieben Schwertern durchbohrten Schmerzensmutter verewigen. Die Kompositionen der Szenen aus der Kindheit Jesu und der Passion Christi gehen auf Kupferstiche des Hendrik Goltzius zurück. Im Hintergrund der Kreuztragung erscheint, abweichend von der Vorlage und wohl als Lokalbezug gedacht, der Schwanenturm der Klever Burg inmitten der Bauten des hl. Jerusalem.

Der Dreifaltigkeitsaltar

Bis 1818 stand der Dreifaltigkeitsaltar im östlichen Joch des südlichen Seitenschiffes an der Außenwand am Pfeilervorsprung. Von 1818 bis 1965 im selben Schiff an der Außenwand ein Joch nach Westen versetzt, von 1965 bis 2000 noch ein Joch weiter nach Westen. Seit 2000 steht er an der Nordseite des Mittelschiffes am zweiten Pfeiler von Westen. Er ist das Hauptwerk aus dem ersten Jahrzehnt von Arnt van Trichts Kalkarer Tätigkeit.

Der Altarschrein wird durch Renaissancepfeiler und Baldachine in drei Nischen aufgeteilt, in denen die Figuren der Apostelfürsten Petrus und Paulus die hl. Maria Magdalena flankieren. In dem bekrönenden, erhöhten Mittelteil ist die Taufe Christi als Hinweis auf das Dreifaltigkeitspatrozinium des Altars dargestellt. Über Gottvater wird in der Hohlkehle von zwei Putten ein geteiltes Wappenschild gehalten, wohl das des Kalkarer Schlüters Wolter van Riswick, der aus demselben Geschlecht stammte wie der berühmte, kunstsinnige Sy-

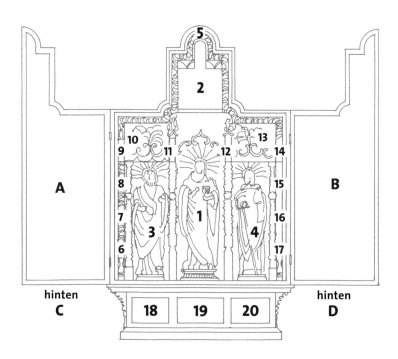

Dreifaltigkeitsaltar

Schrein, Skulpturen von Arnt von Tricht,
um 1535–1540:
1   Hl. Maria Magdalena
2   Taufe Christi
3   Hl. Petrus
4   Hl. Paulus
5   Zwei Putten mit Stifterwappen
6 – 17   Zwölf verschiedene, verloren gegangene Heiligen- und Prophetenstatuetten

Predella, südniederländisch, um 1520 – 1525:
18–20   »Besloten hofjes« (gerschlossene Gärten)

18   Christus erscheint Maria Magdalena als Gärtner.
19   Muttergottes
20   Hl. Agnes

Flügel, niederrheinisch, um 1650:
A   Symbolische Komposition mit der Hl. Dreifaltigkeit, drei Gefangenen und einem Engel mit dem Skapulier des Trinitarier Ordens, dessen Aufgabe es war, Gefangene zu befreien
B   Himmelfahrt Christi
C   Medaillon mit dem Christuskind
D   Medaillon mit Maria

Arnt van Tricht, Dreifaltigkeitsaltar: Hl. Maria Magdalena, heute der Deckel geöffnet

bert van Riswick, Propst von Xanten, Wissel und Oldenzaal. Wolter van Riswick ist auch der Stifter einer spätgotischen Kasel in St. Nicolai (▶ Abb. S. 155). Seine Grabplatte befindet sich heute in der südlichen Turmkapelle. Die Figuren im Altarschrein sind von einer metallischen Oberflächenbehandlung, die ohne Fassung für sich sprechen sollte. Nur Lippen und Augen der Hauptfiguren sind mit einer transparenten Farbe leicht getönt.

Die Figur der Maria Magdalena folgt motivisch dem Schema der um 1520 bis 1525 gefertigten Plastik derselben Heiligen des Henrik Douverman (▶ Abb. S. 24). Van Tricht überwindet jedoch die noch ganz der Spätgotik verpflichteten und auf Vorderansicht gearbeitete Haltung der Douvermanschen Figur. Sein Bildwerk der Maria Magdalena zeigt – nach der gewandelten Mentalität der Frührenaissance – eine Kalkarer Bürgersfrau, die sich ihrer körperlichen Reize bewusst ist. Maria Magdalena nimmt mit ihrer rechten Hand den Deckel des Salbgefäßes in ihrer Linken ab, ein Verweis auf ihre Rolle als eine der drei Marien am Grabe Christi und auf ihre Salbung der Füße Christi im Hause Simeons (▶ Abb. S. 100 – der abgebrochene Deckel liegt hier auf dem Gefäß).

Rechts neben Maria Magdalena steht der Apostel Paulus, der in seiner Rechten das Schwert, ein Zeichen seines Martyriums, und in seiner linken Hand ein Evangelienbuch hält. Die Physiognomie seines Gesichtes entspricht der traditionellen Typologie. In fast antiker Art ist sein Gewand um den Körper drapiert.

Der hl. Petrus, links, lässt seinen linken Fuß auf einem Brett ruhen, wahrscheinlich einem Teil des Querbalkens des Kreuzes, an dem er gemartert wurde. Die linke Hälfte des Kreuzbalkens wird in späterer Zeit abgebrochen sein. Den vertikalen Balken hat er mit der linken Hand gehalten. Dies würde auch die relativ ungegliederte Stelle seines Gewandes vor dem linken Spielbein erklären.

Für die dekorativen Teile des Altars – in den Baldachinen, an den Pfeilern und in den Füllungen der Hohlkehlen – hat Arnt van Tricht grafische Vorlagen des westfälischen Stechers Hendrik Aldegrever (1502–nach 1555) sowie Anregungen aus dem Werk des Antwerpener Künstlers Dirk Vellert (tätig in Antwerpen 1511–1544) verwertet.

Der Dreifaltigkeitsaltar ist das erste Altarwerk in St. Nicolai, das vom Geiste einer neuen Zeit zeugt. Wie die Figuren sind auch die ornamentalen Teile des Schreins von den Stilformen der Renaissance geprägt. Die drei Figurennischen sind nicht mehr, wie bis dahin bei allen Altären in St. Nicolai, von Baldachinen mit spätgotischen Gewölben überragt, sondern mit Muschelmotiven, die wie Aureole wirken, gefüllt. Die den Schrein in drei Fächer gliedernden Säulen wirken wie Kandelaber und sind aus Balustern, Ringen, Knäufen, Medaillons und Putten gebildet, ebenso wie die Baldachine und die Rückwände. Nach Fotos vom Ende des 19. Jahrhunderts standen Figuren, die aussahen wie römische Krieger, auf den Sockeln dieser Säulen und füllten die Hohlkehlen des Altars. Leider sind diese alle in den letzten hundert Jahren abhanden gekommen.

Die Flügel des Altars stammen aus der Mitte des 17. Jahrhunderts und wurden für den Dreifaltigkeitsaltar geschaffen. Sie zeigen auf der Innenseite links oben im Auszug die Dreifaltigkeit, darunter erlöst ein Engel mit dem Emblem des Trinitarierordens drei gefesselte Männer, auf der Innenseite rechts im Auszug Gottvater und der Hl. Geist und darunter die Himmelfahrt Christi. Auf den marmorierten Außenseiten befindet sich jeweils ein Medaillon mit dem Jesuskind und mit der Muttergottes.

Der Dreifaltigkeitsaltar steht auf einer Predella, die aus drei verglasten Kästen, sogenannten »besloten hofjes« (geschlossenen Gärten) besteht, vor allem in den südlichen Niederlanden populäre, meistens in Mecheln hergestellte Schreine, in denen Flitterwerk, Stoffblumen und Reliquien kleine Bildwerke umgeben. Im Vordergrund schließen Zäune die jeweiligen Szenen ab, ein Hinweis auf den verschlossenen Charakter des Gartens. Von links nach rechts sind die Erscheinung Christi vor Maria Magdalena, die Muttergottes und die hl. Agnes dargestellt. Die kleinen Skulpturen mit ihrer porzellanartigen Fassung entstanden vermutlich in Mecheln zu Anfang des 16. Jahrhunderts.

Arnt van Tricht, Johannesaltar

Der Johannesaltar

Bis 1818 stand der Johannesaltar im Südchor, der als Johanneschor bezeichnet wurde. Von 1818 bis 1967/68 befand er sich an der Außenwand im ersten östlichen Joch des nördlichen Seitenschiffes auf der Mensa des 1818 abgebrochenen Katharinenaltars. Von 1967/68 bis 1997 hatte er ein Joch weiter westlich, an der Stelle des 1818 abgerissenen Jakobusaltars seinen Platz. Im Jahr 2000 wurde er an den vorletzten westlichen Pfeiler an der Südseite des Mittelschiffes versetzt.

Zwischen 1541 und 1543 leistete die Kalkarer Bruderschaft Unserer Lieben Frau wiederholt Zahlungen für die Errichtung eines neuen Johannesaltars. 1541 wurde der Altarschrein, verfertigt von dem Kalkarer »Kistemeker« Meister Rutger, aufgestellt. Die Form des Schreins wiederholt die des einige Jahre früher entstandenen Dreifaltigkeitsaltars, allerdings gehören die ornamentalen Teile einer späteren Phase der Frührenaissance an. Für diese zeichnet zweifelsohne Arnt van Tricht verantwortlich, der 1543, zwei Jahre nach der Aufstellung des Gehäuses, noch für den Schrein bezahlt wird, womit nur

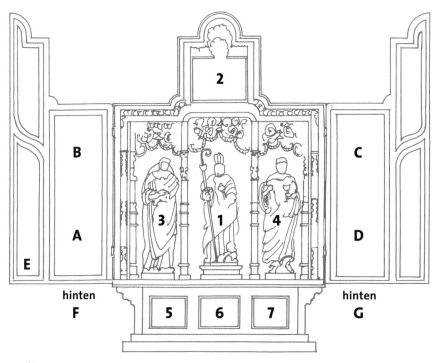

Johannesaltar

Schrein, Skulpturen von Arnt van Tricht, 1541–1543:

1 Hl. Severin aus dem ehemaligen
    Katharinenaltar
2 Krönung Mariens
3 Johannes der Täufer
4 Johannes der Evangelist

**Predella des ehemaligen Katharinenaltars,
Arnt van Tricht zugeschrieben, um 1535–1540:**

5 »Besloten hofje«
6 »Besloten hofje«: Opfer des Isaak
7 »Besloten hofje«: Jakobs Traum der Himmelsleiter

Flügel, niederrheinisch, um 1640–1650:

A Jesus und Johannes der Täufer als Kinder
B Johannes tauft Christus.
C Johannes der Evangelist im Ölkessel vor der
    Porta Latina
D Johannes der Evangelist auf Patmos
E Stifterwappen
F Muttergottes als Frau der Apocalypse
G Maria als Schmerzensmutter mit den sieben
    Schwertern

seine Arbeit an dem ornamentalen Teil gemeint sein kann. Die drei großen Figuren im Altar sind nicht in den Archivalien der Kirche oder der Bruderschaft erwähnt. Wie aus der Inschrift auf dem Sockel der Figur Johannes des Täufers in der linken Nische hervorgeht, wurde diese, und möglicherweise auch die beiden anderen Figuren, von privater Seite gestiftet: die Inschrift IAN BOEGEL und die Hausmarke verweisen auf den Stifter, Jan Boegel, ein führendes Mitglied des Kalkarer Stadtrates, lange Provisor der St. Annenbruderschaft und wohnhaft in einem Haus am Kirchplatz neben dem Ulftschen Haus.

In der zentralen Nische des Altars befand sich bis 1818 eine Muttergottesstatue, die nach ihrem Verkauf später in die Sammlung des Germanischen Nationalmuseums in Nürnberg gelangte (▶ Abb. S. 105). 1945 ging diese in einem Sicherheitslager durch Brand verloren. Als die Marienfigur noch die Mitte des Altars bildete, wies der links von ihr stehende, in ein Kamelfell gehüllte Johannes der Täufer auf das Lamm Gottes, das auf seinem Codex ruht, und damit indirekt auf das ihm zugewandte Jesuskind der Marienfigur. Etwas isoliert von diesen beiden Figuren steht in der rechten Nische die Statue des Johannes des Evangelisten, dessen über den linken Arm geworfener Mantel die Bewegung des rechten Beines betont. Mit der rechten Hand macht er eine segnende Gebärde über der Schlange im Kelch, eine Anspielung auf das Wunder in Ephesus, als Aristedomos nach der Zerstörung des Dianatempels versuchte, den Evangelisten durch vergifteten Wein zu töten, was durch die Schlange verhindert wurde.

Der Johannesaltar darf als das reifste Werk des Arnt van Tricht betrachtet werden. Sowohl in den ornamentalen Teilen des Schreines wie in der manierierten, gelockerten Art der Darstellung der beiden Johannesfiguren hat der Bildhauer sich endgültig von den Zwängen der Spätgotik gelöst und den Übergang zur Renaissance vollzogen. Die Figuren wirken durch den freien Kontrapost und die großartig aufwirbelnden Gewänder als Boten einer neuen Ära, die es am Niederrhein, bedingt durch die politische, wirtschaftliche und religiöse Entwicklung nicht geben sollte. So ist der Altar gleichzeitig der letzte, der in St. Nicolai aufgestellt wurde. 1545 war die Zeit für die Stiftungen von Altären als Zeichen von Bürgersinn in der aufstrebenden Stadt durch das Aufkommen der Reformation und den wirtschaftlichen Rückgang vorbei. Mit der Aufstellung des Johannesaltars ging die Blütezeit der Altarkunst in Kalkar zu Ende.

Die Flügel des Altars stammen aus der Mitte des 17. Jahrhunderts. Auf dem linken sind zwei Szenen aus der Vita des hl. Johannes des Täufers, Jesus mit dem jungen Johannes dem Täufer (unten) und die Taufe Christi im Jordan (oben) dargestellt. Links unten auf dem dreigeteilten Flügel befindet sich ein bisher nicht entschlüsseltes Stifterwappen. Auf dem rechten Flügel sehen wir zwei Szenen aus dem Leben des Evangelisten Johannes: unten die Vision des Johannes auf Patmos, oben das Martyrium des hl. Johannes im siedenden Öl vor der Porta Latina zu Rom. Die Rückseiten sind mit Darstellungen Marias als Frau der Apokalypse und als Schmerzensmutter mit den sieben Schwertern bemalt. Stilistisch stehen die Malereien dem Werk des Hendrik's Groten sehr nahe.

Wie beim Dreifaltigkeitsaltar besteht die Predella des Johannesaltars aus drei »besloten hof-

Arnt van Tricht, Maria mit Kind aus dem Johannesaltar. 1818 verkauft, 1945 zerstört.

jes« (▶ S. 102, Abb. S. 103) mit Flitterwerk und Reliquien. Unklar ist, ob die Predella von Anfang an zum Johannesaltar gehörte. In der Mitte wird die Opferung Isaaks dargestellt und rechts Jakobs Traum, zwei alttestamentarische Szenen, während der linke Schrein keine figürliche Szenerie enthält. Die kleinen Bildwerke, deren originale Fassung erhalten ist, scheinen in der Nachfolge südniederländischer Vorbilder am Niederrhein entstanden zu sein. Während früher Henrik van Holt als Urheber vermutet wurde, wurden die kleinen Bildwerke jüngst dem Kalkarer Bildhauer Arnt van Tricht zugeschrieben.

Von 1818 bis 1875 befand sich die Predella des Jakobusaltars unter dem Johannesaltar (an der historisch richtigen Stelle).

Der Annenaltar

Der Annenaltar stammt aus dem im Jahr 1455 von der Witwe des Herzogs Adolf I. von Kleve, der Prinzessin Maria von Burgund, gegründeten Dominikanerkloster am Mittelgraben zu Kalkar, das am 9. Juni 1802 auf Beschluss der Franzosen säkularisiert wurde. Der Altar gelangte mit weiteren Werken wie der Kreuzigungsgruppe und Douvermans Figur der hl. Maria Magdalena in die Stadtpfarrkirche und wurde 1818, bei der Neueinrichtung der Kirche im Südchor, wo seit 1900 der Sieben-Schmerzen-Altar steht, aufgestellt. Von 1901 bis ca. 1968 befand er sich im Nordchor, danach bis 1997 an der Außenwand des südlichen Seitenschiffes. Im Jahr 2000 wurde der Altar am Westpfeiler an der Südseite des Mittelschiffes aufgestellt.

Der Annenaltar besteht aus einem rechteckigen Schrein mit fast lebensgroßen Figuren, ein Altartypus, der sonst in Kalkar nicht vorkommt. Den zentralen Platz in dem nicht sehr tiefen Schrein nimmt eine Anna-selbdritt-Gruppe ein, die auf einer mit gotischem Maßwerk verzierten Bank sitzt. Hinter der Gruppe halten schwebende Engel einen mit Webmustern geschmückten Teppich. Bei der Restaurierung des Altars fügte der Gocher Bildhauer Ferdinand Langenberg 1902 nicht nur die Krone auf dem Haupt Mariens hinzu, sondern auch das Jesu Blöße bedeckende Tuch, wie es den puritanischen Auffassungen der damaligen Zeit entsprach. Links neben Maria reicht der besorgte Josef dem Jesuskind eine Traube. Rechts neben dem Thron stehen Annas drei legendäre Ehemänner: Joachim, Kleophas und Salomas. Über dem Thron blickt Gottvater, umgeben von einer Schar von elf singenden und musizierenden Engeln, segnend auf die Familiengruppe nieder. Dort hängt »der Himmel voller Geigen«: Glöckchen, Schalmeien, Dudelsack, Laute, Zitter, Harfe und Orgel sind in ihrer mittelalterlichen Form gezeigt.

Der Bildhauer hat die Komposition dem Kupferstich der Hl. Familie des Bocholter Kupferstechers Israhel van Meckenem (▶ Abb. S. 108) entlehnt, aber ohne dass dies der künst-

Annenaltar

Schrein, Skulpturen des Meisters des Kalkarer Annenaltares, um 1490/1500:
1 Hl. Anna selbdritt
2 Gottvater mit musizierenden Engeln
3 Die drei Männer der hl. Anna
4 Hl. Josef
5 Prophet
6 Prophet

Predella, niederrheinisch, um 1480–1500:
A Hl. Papst und hl. Bischof
B Maria mit dem Jesuskind
C Hl. Petrus und ein unbekannter Heiliger

lerischen Selbstständigkeit des Kunstwerks Abbruch getan hätte. Um 1970 wurde die von Langenberg 1902 aufgebrachte, fast schwarze Lackschicht entfernt, wobei sich zeigte, dass der Altar nie eine Fassung getragen hatte.

Die Bildwerke im Schrein ragen durch ihren monumentalen Charakter hervor, der stark mit der für die niederrheinische Bildnerei so typischen Vorliebe für fein detaillierte Kleinmaßstäbigkeit kontrastiert. Die schweren Falten suggerieren, dass die Bildwerke vollplastisch gearbeitet sind, während sie in Wirklichkeit wegen der geringen Tiefe des Schreins nur in Hochrelief ausgeführt wurden.

Als der Annenaltar 1818 bis 1901 im südlichen Seitenchor (dem »Johannischörchen«) stand, und auch noch später, waren die Flügel des Crispinus- und Crispinianusaltars ein Teil des Annenaltars, wie die Fotografie von Carl Friedrich Brandt 1868 zeigt (▶ Abb. S. 37 links). Danach sind die noch erhaltenen ursprünglichen Flügel wieder montiert worden, allerdings mit einem Stoffüberzug. Dieser wurde vor kurzem entfernt, wonach Reste einer barocken, sehr primitiven Bemalung zum Vorschein kamen. Auf dem linken Flügel ist die Begegnung von Joachim und Anna an der Goldenen Pforte dargestellt, auf dem rechten wahrscheinlich die Heimsuchung. Auf dem Rahmen ist eine Inschrift angebracht: DIT HEEFT LATEN SCHIL–

Meister des Kalkarer Annenaltars: Hl. Anna selbdritt, Maria heute ohne Krone

DEREN D BRUDER (links) … VAN. D. HW. MODER S. ANNA (rechts) – d. h.: »Dies hat malen lassen die Bruderschaft von der hochwürdigen Mutter Sankt Anna«. Von 1847 bis 2000 befand sich unter dem Annenaltar die Predella des Crispinusaltars, die 2000 bei der Rekonstruktion des Crispinus- und Crispinianusaltars wieder mit diesem zusammengefügt wurde.

Seit 2000 befindet sich unter dem Altar eine Predella, in der drei kleine gemalte Täfelchen eingelassen sind, eine schlichte, niederrheinische Malerei um 1500, von links nach rechts ein Papst und ein Bischof, Maria mit dem Jesuskind sowie Petrus und ein unbekannter Heiliger mit einer Zange. Über die Provenienz dieser Malereien und ihren Kontext ist nichts bekannt.

Israhel van Meckenem, Hl. Familie. Kupferstich, um 1480

Meister des Kalkarer Annenaltars, Christus aus der Triumphkreuzgruppe (Ausschnitt). Nussbaum mit originaler Fassung, heute in der Pfarrkirche St. Antonius Abbas in Nimwegen-Neerbosch

Triumphkreuzgruppe

Zu den berühmtesten Kunstwerken in St. Nicolai zählen die Assistenzfiguren einer monumentalen Kreuzigungsgruppe, die seit 1970, in der Art einer Triumphkreuzgruppe in der spitzbögigen Öffnung zur »Alten Sakristei« (dem heutigen nördlichen Nebenchor) aufgestellt sind. Sie wurden kombiniert mit dem zugehörigen Kalvarienberg und den ursprünglichen Sockeln sowie einem 1696 entstandenen barocken Kruzifixus. Seit 1818 war die Gruppe an der Wand über dem Südportal platziert. 1868 musste sie der neuen Orgel weichen und wurde vis à vis an der Wand über dem Nordportal aufgestellt.

Zu Unrecht wurden die Figuren lange Zeit mit einer von dem Kölner Weihbischof Heinrich Venecomponensis 1469 geweihten Gruppe über dem Kreuzaltar in Verbindung gebracht. Die Skulptur des Gekreuzigten ist nämlich nicht

Kreuzigungsgruppe mit dem barocken Christus

spätgotisch, wie lange angenommen wurde, sondern entstand erst 1696 und wurde von Nikolaus Alberts geschaffen. Die eigentlich zu diesem Bildwerk gehörenden barocken Assistenzfiguren von Maria und Johannes standen seit dem frühen 19. Jahrhundert, kombiniert mit einem Kruzifix des Meisters Arnt, an der Außenseite des Kirchenchores und befinden sich heute in der südlichen Turmkapelle (▶ S. 152).

Maria und Johannes der Triumphkreuzgruppe stammen ebenso wie der zugehörige Kruzifixus in Nimwegen-Neerbosch aus dem 1806 säkularisierten Dominikanerkloster. Damals wurde die Kreuzigungsgruppe auseinandergerissen, die Bildwerke von Maria und Johannes gelangten in die Stadtpfarrkirche und das zu dieser Gruppe gehörende Triumphkreuz wurde 1807 von den Dominikanern in ihre kleine Niederlassung in Hees/Neerbosch bei Nimwegen in Holland in Sicherheit gebracht. Heute befindet sich der Kruzifixus in der neugotischen Pfarrkirche St. Antonius Abbas in Nimwegen-Neerbosch. Zu den Bedingungen, unter denen er aus dem Dominikanerkloster zu der Niederlassung der Kalkarer Dominikaner in Neerbosch gebracht wurde, zählte allerdings auch, dass, wenn in Kalkar je ein neues Dominikanerkloster gegründet würde, das Bildwerk nach Kalkar zurückgegeben werden musste. Die Provenienz der beiden Assistenzfiguren geriet in Kalkar schnell in Vergessenheit und es scheint, dass hier alle archivalischen Belege fehlen. Dies zeigt auch die Beschreibung von Kaplan Wolff in seinem 1880 erschienenen Buch über St. Nicolai, in dem er fest von der Identität der Triumphkreuzgruppe mit der 1469 geweihten Gruppe ausgeht.

Die Figuren von Maria und Johannes (1861 ist die alte Bemalung abgelaugt worden) gehören ebenso wie der Kruzifixus in Neerbosch zum Werk des Meisters des Kalkarer Annenaltars (▶ Abb. S. 106–113).

Meister des Kalkarer Annenaltars, Maria aus der Triumphkreuzgruppe aus der ehem. Dominikanerkirche.
Eichenholz, abgelaugt

Meister des Kalkarer Annenaltars, hl. Johannes aus der Triumphkreuzgruppe aus der ehem. Dominikanerkirche. Eichenholz, abgelaugt

Marienleuchter

Unmittelbar nach der Vollendung des Chorge-stühls 1508 erhielt der Weseler Bildhauer Henrik Bernts den Auftrag für einen großen Marienleuchter, der direkt vor dem Kreuzaltar in dem Joch östlich der von Nord- und Südportal gebildeten Achse im Mittelschiff hängt und diesem einen marianischen Mittelpunkt geben sollte. Dieser Leuchter, der 1508 von Henrik Bernts begonnen, nach dessen Tode von Kerstken van Ringenberg vollendet, 1528 von Henrik Douverman und 1540 von Arnt van Tricht verändert wurde, zählt zu den interessantesten Kunstwerken in St. Nicolai.

Der Leuchter ist aus mehreren Teilen aufgebaut. An dem sechseckigen, laternenartigen Sockel mit Nischen für sechs Bildwerke sind sechs eiserne Lichtarme befestigt. Auf diesem Sockel steht das doppelte Marienbild. An den Seiten umschließen die Zweige der Wurzel Jesse mit den darin angebrachten Halbfiguren von zwölf Königen von Juda die beiden Marienstatuen fast wie eine Mandorla.

In den wenigen Monaten zwischen Auftrags-erteilung und seinem Tode ließ Henrik Bernts die Eisenteile des Leuchters von dem Schmied Faber in Wesel ausführen. Er selbst vollendete wohl die Laterne mit den sechs Nischenfiguren. Nach Westen gewendet sitzt der Stammvater der Könige von Juda, der schlafende Jesse, jeweils zu beiden Seiten zwei an ihren Spruchbändern zu erkennende Propheten. Nach Osten gewendet, als Pendant zu Jesse, sitzt der Evangelist Mattäus mit seinem Evangelienbuch, das mit der Aufzählung der Vorfahren Christi beginnt – eine Anspielung auf die Darstellung der Wurzel Jesse im Marienleuchter. Auch die Ranken der Wurzel Jesse und einige der Königsfigürchen verraten Henrik Bernts Handschrift.

Von den beiden Marienfiguren ist die nach Osten gerichtete zum größten Teil noch im ursprünglichen Zustand erhalten geblieben. Eine Ausnahme bildet das (heute lose hinzugefügte) Jesuskind und der Ausdruck von Augen und Mundpartie des Antlitzes der hl. Maria, die 1540 von Arnt van Tricht hinzugefügt bzw. überarbeitet wurden. An der westlichen Marienfigur hat Henrik Douverman im Jahr 1528 nach einem Absturz des Leuchters eine noch heute deutlich erkennbare Reparatur durchgeführt. Wahrscheinlich waren die Haare und die Brustpartie dieser Marienfigur beschädigt. Douverman ersetzte das Haar durch eine für ihn zu dieser Zeit typischen Pracht von Locken in üppigen C-Formen. Auch die Mode des Gewandes änderte Douverman: anstelle des noch bei der östlichen Marienfigur vorhandenen V-förmigen Halsausschnittes schuf er ein modernes, tief ausgeschnittenes, die Brustpartie stark betonendes Mieder.

Der Faltenwurf der westlichen und der östlichen Madonnenfigur ist nach demselben Schema behandelt wie bei der viel kleineren Maria an einer Wange im Chorgestühl des Henrik Bernts, so dass die Autorenschaft dieses Bildhauers für die beiden Marienfiguren als gesichert betrachtet werden darf.

Henrik Bernts ist wohl in der zweiten Hälfte des Jahres 1508 gestorben. Zu Beginn des Jahres 1509 leisteten die Kalkarer Kirchenmeister noch eine Zahlung an seine Witwe in Wesel. In diesem Jahr erhält ein neuer Bildschnitzer Zahlungen für den unvollendet gebliebenen Marienleuchter: Kerstken van Ringenberg. 1508 hatte dieser in Kalkar das Bürgerrecht erworben. Möglicherweise hat er bis dahin als Gehilfe im Atelier des in diesem Jahr nach Marburg zurückgekehrten Ludwig Jupan gearbeitet, da es stilistische Übereinstimmungen mit dessen Spätwerk gibt. In jüngster Zeit wurde vermutet, dass er bei Henrik Bernts tätig war und nach dessen Tod zeitweise in dessen Werkstatt in Wesel an dem Kalkarer Leuchter gearbeitet hat. Die von Kerstken van Ringenberg geschaffenen

König aus der Wurzel Jesse des Marienleuchters

Teile unterscheiden sich von den Arbeiten von Henrik Bernts durch einen stärker individuellen Ausdruck und einen abwechslungsreicheren, weniger schematischen Aufbau der Figuren. Von Ringenbergs Hand stammen auch die meisten der Könige in der Wurzel Jesse, der aus dem Himmel niederschauende Gottvater und die Engel, die Maria krönen.

1850 wurde der Marienleuchter von dem Kölner Maler und Polychromeur Johann Stephan neu gefasst. Diese Bemalung wurde in den Jahren 1967 bis 1970 in der Werkstatt des Rheinischen Amtes für Denkmalpflege wieder entfernt, weil davon ausgegangen wurde, dass der Leuchter als holzsichtiges Kunstwerk entworfen worden war. In den Jahren 1541 und 1546 wurde der Leuchter aber weiß angestrichen. Wolff zitierte 1880 einen Zeitzeugen, der erklärt hat, dass der Leuchter 1818 »lediglich die Farbe des natürlichen Eichenholzes ohne jede Spur einer früheren Colorierung gezeigt« haben soll. 1818 wurde er – nach klassizistischer Mode der Zeit – weiß-grau angestrichen.

Der Marienleuchter bildete vor dem Lettner und vor dem Kreuzaltar einen wichtigen inhaltlichen Bezugspunkt in der Kirche. Da die kostbare Ausstattung des Hochchores für die Pfarrangehörigen wegen des Lettners nicht sichtbar war, kam dem Marienleuchter eine besondere Bedeutung zu. Marienleuchter waren im späten Mittelalter häufig in den Kirchen anzutreffen. Am Niederrhein sind dem Kalkarer Leuchter eine ganze Reihe Marienleuchter vorausgegangen. Aus Meister Arnts Atelier stammt das berühmte Marianum von Varsseveld (um 1480 – 1490, heute aufgeteilt auf Silvolde in den Niederlanden und Anholt). Von dessen Schüler Dries Holthuys gibt es mehrere Marienleuchter, von denen der in der St. Aldegundiskirche zu Emmerich der bedeutendste ist, aber alle sind von einem schlichteren Typus. Ikonografisch ähnlich komplexe und ausführliche Marienleuchter sind selten. Erwähnt werden müssen hier noch das Marianum in der St. Leonarduskirche in Zoutleeuw und im Dom zu Xanten. Eine Variante bildet der berühmte »Englische Gruß« des Veit Stoß in der St. Lorenzkirche zu Nürnberg (1517–1518), bei dem die Rosenkranzverehrung eine zentrale Rolle spielt. In dem Kalkarer Leuchter werden mehrere theologische Aspekte vereint. Zentral steht die mariologische Komponente, von Marias Auserwähltheit bei der Verkündigung, ihrer unbefleckten Empfängnis und ihrer Aufnahme in den Himmel. Die beiden Engel unterhalb Gottvaters und des Heiligen Geistes krönen Maria als Königin des Himmels. Sie steht auf der vom Mond unterfangenen Sonne, auf der sich die überwundene Schlange aus dem Paradies, noch mit dem Apfel im Mund, räkelt. Maria ist mandorlaförmig mit den Strahlen der Sonne bekleidet, und verkörpert so das »apokalyptische Weib«. Die Figuren in der Laterne stellen den Stammvater Jesse (nach Westen) und den Evangelisten Mattäus (der sein Evangelium mit der Abstammung Christi beginnt) dar. Zwischen den beiden jeweils zwei alttestamentarische Propheten, Jesaias, Jeremias, Zacharias und Micha, die in besonderer Weise auf das Menschwerden Christi hingewiesen haben. In den Ranken ist die übliche Zahl der zweiundzwanzig Stammväter auf zwölf reduziert worden, in den vier Geschossen des Rankenwerks alternierend einzeln und paarweise angeordnet. Die geschmiedeten Leuchter dienten neben der Erhellung des Kirchenschiffes und der Anleuchtung der Muttergottes als Verweis auf Maria als himmlische Erscheinung und auf Christus als das Licht der Welt.

Die Fenster von Karl-Martin Hartmann

von Alois van Doornick

Die für die neue, damals noch gar nicht so bezeichnete Gotik programmatische Portalinschrift von Abt Suger an der ersten gotischen Kirche, der Basilika St. Denis in St. Denis bei Paris, im Jahre 1143 wurde für das Mittelalter wegweisend. Sie sei hier auf das große Fensterprojekt von St. Nicolai angewandt mit der Warnung, nicht beim Staunen über die große Handwerkskunst oder die schönen Lichteffekte stehen zu bleiben, sondern zur inneren Erleuchtung des Glaubens zu finden durch die eigene Geisteskraft und die Gotteserleuchtung:

»Portarum quisquis attollere quaeris honorem
aurum nec sumptus operis mirare laborem
Nobile claret opus sed opus quod nobile claret
clarificet mentes ut eant per lumina vera
ad verum lumen ubi Christus janua vera
Quale sit intus in his determinat aurea porta
mens hebes ad verum per materialia surgit
et demersa prius hac visa luce resurgit.«

»Solltest du jemand sein, der den Rang der Portale zu erheben sucht, bewundere beim vorgelegten Werk weder das Gold noch die Arbeit. Edel leuchtet das Werk; aber ein Werk, das edel glänzt, soll die Geisteskräfte erleuchten, damit sie durch die wahren Lichter zum wahren Licht gelangen, wo Christus die wahre Tür ist. Was es auch sein mag, was das goldene Portal in sich enthält: Die schwache Seele erhebt sich über die materiellen Dinge hin zum Wahren und diese einst hinab gesunkene (Seele) ersteht auf durch das Schauen des Lichts.«

Die Entwicklung des Konzepts

Einen tragfähigen Entwurf zu 22 großflächigen Fenstern galt es im Jahr 1997 im Rahmen der Neugestaltung von St. Nicolai zu entwickeln. Mit hohem Idealismus gingen dies Pfarrer Robert Mertens mit den Verantwortlichen der Kirchengemeinde an in Zusammenarbeit mit niederrheinischen Kunstexperten, dem damaligen Generalvikar und späteren Erzbischof von Hamburg Dr. Werner Thissen, geboren in Kleve, mit Unterstützung des Bistums Münster und mit einem großem Spendenaufkommen der Kalkarer Bürger. Das immer schon als zu hell empfundene nach Kriegsende eingebaute Kathedralglas sollte durch eine farbige Konzeption ersetzt werden, die materiell, künstlerisch und inhaltlich dem Gespräch mit der Kunst des Innenraums standhält. Somit sollte die zu Kriegsende verloren gegangene Gestaltung Eduard von Steinles nun ausdrucksvoll ersetzt werden.

Dabei wurde aus energetischen Gründen eine Thermopane-Außenverglasung gewählt, vor die an der Innenseite die künstlerisch gestaltete Verglasung montiert werden sollte. Damit war das gewagte und aufwendige Projekt begonnen, die 22 Fenster im Kirchenrund alle aus einer Hand entwerfen und ausführen zu lassen. Dies erforderte ein äußerstes Maß an Ausdruckskraft und Einfühlungsvermögen, da mit Blick auf die Vielfalt der inhaltsvollen Bildwelt der Kirchenausstattung eine thematische Bildidee mit figürlichen Darstellungen nicht angestrebt war.

In einem ausgelobten Wettbewerb unter vier Künstlern erhielt Karl-Martin Hartmann (geb. 1948) aus Wiesbaden den Zuschlag. Nicht ohne Folgen für das Kalkarer Bildprogramm blieb seine Ausbildung zunächst in einem Studium der Mikrobiologie an der Universität von Mainz. Er studierte dann aber Kunst an der Städelschule in Frankfurt bei dem Glaskünstler Johannes Schreiter und bei Christian Kruck. Hartmann hat bereits einen Fensterzyklus für den Dom von Linz in Niederösterreich geschaffen und ebenso für das Kloster Gerleve und für die St.-Martinus-Kirche im westfälischen Greven Fenster gestaltet.

Detail des linken Chorfensters

Hartmanns Konzept für Kalkar umfasst den Kosmos von seiner Herkunft und in seiner kleinsten Ausgestaltung (Elemente der Mikrobiologie) wie den Blick in die größten Sphären der entferntesten Welt und Zukunft (Erkenntnisse der Astrophysik). Hierbei berücksichtigt Hartmann die Ideenwelt der Kathedralfenster, in der die allumfassende Weltwissenschaft zum Ausdruck kommt, z. B. in Chartres, wo Maria in einem der bekanntesten Fenster als »sedes sapientiae«, als Sitz der Weltweisheit alles Wissen damaliger Zeit bei sich versammelt.

Nunmehr erstreckt sich die Planung und Realisierung durch die Firma Derix Glasstudios/ Taunusstein mit den einmaligen, aufwendig erstellten, mundgeblasenen Gläsern der Glashütte Lamberts aus Waldsassen (Bayr. Wald) aus Kostengründen schon über mehr als 20 Jahre. Bis 2016 konnten 18 der 22 großen Fenster verwirklicht werden. Strittig ist bis heute die Frage der Einbeziehung der Außenwelt in die Gestaltung. Ob es der spätgotischen Kirche aus der Zeit um 1420 angemessen ist, durch die Fenster eine Trennung oder eine Verbindung zur Außenwelt zu schaffen, ist auch entscheidend für die Frage, ob man den Raum des Betens einer

Kirche als geschlossene Insel oder als Teil in der Weltöffentlichkeit versteht. Eine im Laufe des Verfahrens vorgeschlagene Verspiegelung der Außenseite, die die Trennung verdeutlichte und die Intensität der verwendeten Gläser enorm erhöht hätte, wurde vom Landschaftsverband Rheinland aus Denkmalschutzgründen aber abgelehnt. Ein Probefenster dazu ist bis heute auf der Marktseite erhalten.

Nach der vollen Realisierung der Entwürfe von Karl-Martin Hartmann wird der Innenraum der St. Nicolaikirche sowohl eine unendliche Vielfalt an Farben und Formen aufweisen und vielleicht gerade dadurch in der Summe sowohl das Geheimnisvolle sowie das Zentrale des Gotteshauses »zum Leuchten« bringen. Wenn der Marienleuchter den dunkelsten Punkt und den Mittelpunkt der Kirche bezeichnet (wie Christus der Mittelpunkt der Geschichte und der Kirche ist), so sind die Fenster die Schnittstelle zur Außenwelt, die einen »Teppich aus Licht« bilden mit einem Stand in sich und so die Außenwelt zugleich abschirmen und hereinlassen. Das vereinbarte Thema »Manifestation des göttlichen Lichtes« kommt in den ideenreichen Variationen der Motive zum Tragen. Die Fenster an der Nordseite der Kirche zum Marktplatz hin bezeichnen eher die Abendseite und erhielten Symbole aus der Astrophysik. Ihre Farben werden, da das Glas nicht durch das Sonnenlicht unmittelbar durchflutet wird, in kühlen Tönen gehalten. Die Südseite mit den noch ausstehenden vier für die Lichtsumme im Kirchenbereich überaus wichtigen Fenstern wird nach der Ausführung ab 2016 durch eine »heitere Helligkeit« (K.-M. Hartmann) des Glases in freien Elementen erstrahlen, während die gelb-orange leuchtenden Westfenster das Lebensende bezeichnen und dort in offenen Formen gestaltet sind.

Insgesamt will der Künstler im Gesamtkonzept sich wie die Bibel der Frage nach dem Woher (Mikrobiologie) und dem Wohin (Astrophysik) der Menschheit stellen und allen Themen der Kunst des Kircheninnenraumes und der dort gefeierten verschiedenartigen Gottesdienste einen umschließenden, bergenden Rahmen geben.

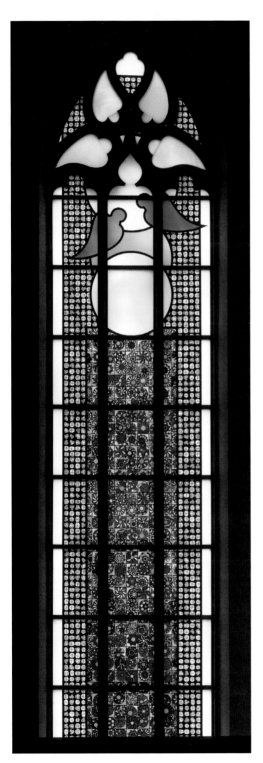 

Westfenster in der südlichen (links) und in der nördlichen Turmkapelle (rechts)

Als erste Fenster wurden, wegen der oben angedeuteten Thematik, die marianischen Fenster im Südchor am Sieben-Schmerzen-Altar von Henrik Douverman bei der Wiedereröffnung nach der großen Restaurierung bereits 2000 fertiggestellt: Hundertfach variieren Rechtecke aus Lilienblüten und lenken den Blick nach oben. Die Lilien sind gleichzeitig Hinweis auf die Dreifaltigkeit wie auf die Jungfräulichkeit Marias und den heiligen Josef. Da Maria die »Morgenröte des Heils« genannt wird, leuchten hier die Fenster in fröhlichem Gelb und fließenden Mustern. Der Naturwissenschaftler Hartmann erinnert sich in diesem Zusammenhang gern an die Inspiration, die er gewonnen hat aus den Bezeichnungen der ihm lange unbekannten Anrufungen der lauretanischen Litanei.

2001 wurde das Westfenster in der nördlichen Turmkapelle eingebaut. Das wiederholte Motiv der Riefen der Jakobsmuschel weist es als Stiftung der St. Jakobusbruderschaft aus.

Fenster in der südlichen Chorkapelle
(▶ Abb. S. 92)

Zwei Ereignisse der Wissenschaft fließen unter anderem in den Kalkarer Fensterzyklus ein: Dass Gravitationswellen der Erdbewegung messbar und voraussagbar werden, konnte mit der Entdeckung der Feynman-Graphen realisiert werden. Die Erscheinung des Kometen Hale Bopp vor der Sonne im Jahre 1997 lässt neu über Dimensionen des Menschseins und der Kosmos-Entfaltung nachdenken. Da gerade oft Maria als irdischer Widerschein göttlichen Lichtes (Morgenröte des Heils) gedeutet wurde, sind die Spuren des Kometenereignisses in die Fenster am Sieben-Schmerzen-Altars Douvermans eingegangen. Ferner ist sich der Künstler durchaus der Spannung bewusst zwischen den von ihm gewählten Mikrostrukturen aus Biologie und Physik und den Emotionen, die jeder Betrachter in Unkenntnis dieser Grundlagen aus der auch an verschiedenen Tagen verschiedenen Wahrnehmung in sich verspürt. Die in den Fenstern an verschiedenen Stellen wie z. B. über der Tür zur Sakristei ablesbaren Raster folgen der

Frage der Menschheit, »Was trägt?«, während die kreativen Entfaltungen in kleinste Variationen und übergroße Farbflächen unterschiedlichster Farbzusammenstellung dem eigenen Denken und Deuten des Betrachters Raum geben. Mit dem Fenster daneben beginnt der Schöpfungszyklus in seinen floralen Formen und organischen Anklängen. Dieses Fenster des Fördervereins und der Bruderschaften und Gilden lässt die Fröhlichkeit der zu erwartenden vier Fenster des südlichen Seitenschiffs erahnen.

Zu den Chorfenstern
(▶ Abb. S. 118)

Das linke Chorfenster (▶ S. Abb. 120), dessen erste Bahn vom Treppenturm am Nordchor verdeckt wird, bildet den Übergang von der Abendseite der Nordfenster zu der Morgenseite des Südens. Die wie überall teppichartige Wirkung lässt den Blick nach oben sich öffnen, wobei über alle Chorfenster hinweg der Umfang der oberen Rechtecke nach rechts hin zum sonnendurchfluteten marianischen Bereich der Morgenseite zunimmt.

Im zweiten Chorfenster (von links) verwendet der Künstler im unteren und mittleren Bereich die Feynman-Graphen als Grundmuster. Das in der Wirkung vorherrschende Violett der Chorfenster hat als Grundmotive das Rot und Blau in unterschiedlicher Stärke, durchmischt mit hellerem Rot und Gelb. Viele auch in Schwarzlot aufgebrachte Sterne lassen sich bei näherem Hinsehen entdecken in Erinnerung an den Stern, der über dem »Haus« der Geburt des Erlösers in Bethlehem stehen blieb und von den Sterndeutern als Ort der Königsgeburt auf den Feldern Davids gedeutet wurde.

Deutlich Ruhe strahlt das Mittelfenster in mit abgerundeten harmonischen Formen und der akzentuierten Mittelachse aus. Auch hier wird der Blick des Betrachters auf dem Teppich aus changierendem, dunklem Rot-Blau durch die helle gelb-rosa Umrahmung nach oben geleitet. Durch das gemilderte Licht und die feine Gliederung des Fensters können die 208 in Eiche geschnitzten Figuren des Passionsaltars differenzierter wahrgenommen werden.

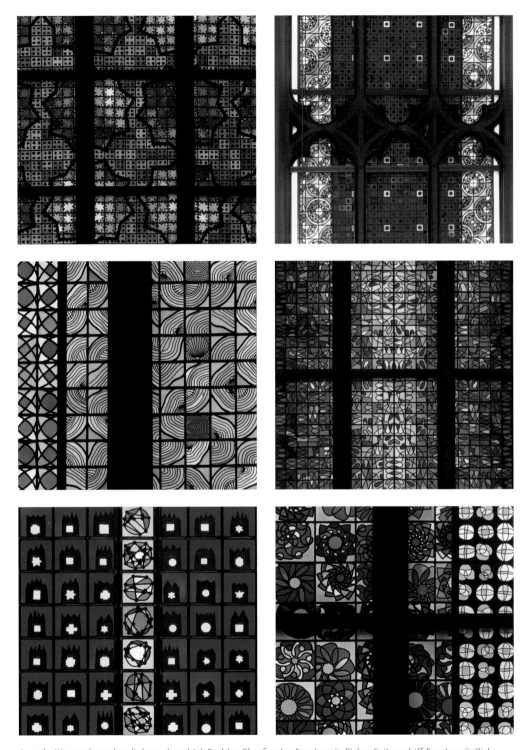

Ausschnitte aus (von oben links nach rechts): Rechtes Chorfenster, Fenster nördliches Seitenschiff, Fenster nördliche Turmkapelle, mittleres Chorfenster, Fenster nördliches Seitenschiff und Fenster südliche Turmkapelle

Der obere offene Bereich vergrößert sich im rechten Chorfenster und bindet so an die Marienfenster des Südchores an. Hier finden sich überall in diesem Fenster Sternmotive, die eine Entsprechung in allen oberen Maßwerken haben. Dabei befindet sich dort links und in der Mitte ein siebenzackiger und rechts ein neunzackiger Stern mit in Schwarzlot aufgebrachten nach außen führenden Linien.

Insgesamt wirken diese dunklen Fenster zugleich heiter und mystisch. Die kostbaren Doppelüberfanggläser sind mit opalem und opakem Glas aufwendig gearbeitet. Sie leuchten an einem niederrheinisch-grauen Tag genauso wie am Morgen eines lichtvollen Sommertages.

Die Westfenster
(▶ Abb. S. 121 und 133)

In quirligen Formen und orangebetonten Farben hat der Künstler die Westfenster gestaltet, die ein großes Leuchten in den Innenraum werfen. Dabei steht der Lebensvielfalt der Formenvariationen im unteren und mittleren Bereich die monumental große Fläche der Elemente entgegen, die das Untere aufgreifend die Maßwerke bis oben hinein ausfüllt. Zudem überraschen manchmal die neben einander gestellten pastellartigen Farben.

Die St.-Sebastianus-Bruderschaft ist der Stifter des Westfensters des südlichen Seitenschiffs. Kirchenbesucher, die die Kirche durch das Südportal zum Kirchplatz verlassen und den Blick nach rechts werfen, erheitern die fröhlichen kleinteiligen Muster und die wie Engelsflügel wirkenden großflächigen Maßwerkelemente. Die Blumenmotive sind in einer eigenen Ätztechnik zum Teil aus dunkelroten Überfanggläsern herausgearbeitet, andere Elemente sind aufgeklebt. Der Anklang an die Jesaja-Vision von den über die Erde wirbelnden feurigen Engelsflügeln kommt einem in den Sinn angesichts der Intensität der im Abendlicht gleißenden Farbigkeit.

Die Fiebrigkeit eines vergangenen Tages kommt am Abend zur Ruhe: So kann man im mittleren Turmfenster von unten nach oben aus der Vielzahl der Tagesthemen in die Entspanntheit der Gottesbetrachtung kommen.

Die Kronen im unteren Bereich erinnern an die 24 Ältesten aus der Offenbarung, die um den Thron Gottes stehen und das Lob Gottes singen im Dreimal-Heilig.

Die nördliche Turmkapelle, in der der Kreuzweg und der Christus auf dem Kalten Stein aufgestellt sind, werden durch das großflächige Westfenster im nördlichen Seitenschiff ausgeleuchtet. Die Kalkarer Jakobusbruderschaft, eine der ältesten Deutschlands, findet sich als Stifterin in den sich hunderte Male wechselnden Elementen wieder, die immer neu die Riefen der Jakobsmuschel zeigen. Die Heiterkeit des Pilgerweges, das Lächeln des Jakobus am Mittelpfeiler im Portico de la Gloria in Santiago de Compostela wird auch in den drei Bahnen der Fenster spürbar.

Die Fenster im nördlichen Seitenschiff
(▶ Abb. S. 125)

Grün und Blau dominieren die wenig vom direkten Sonnenlicht beschienenen Fenster auf der Marktseite der St.-Nicolaikirche. Damit ist der geistige Blick eröffnet in die unendliche Tiefe des Kosmos und in die Ursprünge des Lebens. Damit scheinen sowohl Dunkelheit und Hoffnung, Unendlichkeit und Leben auf. Die Einsprengsel in Gelb, Rosa und Gold erzeugen ein sphärisches Klingen, erinnern an schwebende Galaxien und ahnbare Gestirne. Aufgeklebte Raster und helle Farbflecke erinnern an die Weltraumerforschung durch die Bilder des in 600 km Höhe schwebenden Hubble-Teleskops. Dank der Förderng durch den ehem. Ministerpräsidenten Wolfgang Clement und der Alfried Krupp von Bohlen und Halbach-Stiftung sowie der RWE-Aktiengesellschaft konnten die drei zusammen gehörenden Nordfenster realisiert und im Beisein von Erzbischof Thissen am 21.8.2008 eingeweiht werden. In dessen Ansprache verwies der Bischof darauf, dass die heutige Zeit auch Künstler als Prediger braucht: »Die Fenster von Karl-Martin Hartmann sind wie eine Fuge von Johann Sebastian Bach. Streng geordnet, mit astrophysikalischem Hintergrund, mit Berechnung sogar. Streng geordnet, aber nicht verbissen, sondern eher spielerisch. … Wo geht mir ein Licht auf? … Gott ist Licht.«

Die Fenster der Sakramentskapelle

(▶ Abb. S. 111, 148).

Wie der Sieben-Schmerzen-Altar im Südchor die alttestamentlichen Wurzeln zum Gottesgeheimnis aus der Jungfrau Maria erzählt, so bündeln die Fenster des Nordchores, der heute als Sakramentskapelle dient, mit der (auch im Fenster sichtbaren) Bruchstelle Altes und Neues Testament in den Zahlen 36 und 12 deren verbindende Botschaft: Gott ist den Menschen nah in besonderen Menschen wie in den 36 Gerechten, ohne die nach dem babylonischen Talmud die Welt untergehen würde. Da aber irgendwo auf der Erde unbekannt immer 36 Zaddikim leben, lässt Gott trotz Sündhaftigkeit die Welt nicht im Chaos enden. Die Zwölfzahl der Söhne Jakobs, der kleinen Propheten und der Apostel ist in den Kreisen über dem Sanctissimum der Anbetungskapelle die immerwährende Vergewisserung des Fundaments, auf dem die heilige Gottesstadt mit ihren zwölf Toren und zwölf Steinen laut Apokalypse aufgebaut ist (vgl. Apk 21). Die Gegenwart der in St. Nicolai häufiger dargestellten Zwölf Apostel ist so bei der Verehrung der Abendmahlsgabe zumal in der einzigartigen »Amsterdamer Monstranz« dem Beter leicht mitgegeben.

Dass die Liturgie die Christen im Kirchenraum wie im Vorraum des Himmels versammelt sieht, wird durch diesen Fensterzyklus sehr viel mehr erfahrbar. Das »Woher« und das »Wohin« der Menschheit werden nur wenige Besucher aus der hochvariierenden Formsprache der kostbaren und farbenfrohen Fenster und der Symbolhaftigkeit ihrer vielen Details gedanklich erkennen. Mehrheitlich werden die Betrachter den Emotionen ihres Inneren folgen und im Netzwerk der Elemente und in der Zwiesprache mit der hohen Kunst in St. Nicolai sich dem Licht des Himmels zu öffnen wissen. Dies wird umso mehr gelingen, als die Lichtintensität und Farbenfreude im Kircheninnern und der Glanz auf den großen Kunstwerken noch deutlich gewinnen, wenn es gelingt, die ausstehenden vier Südfenster nach den überzeugenden Entwürfen von Karl-Martin Hartmann auszuführen.

Linkes Fenster im nördlichen Seitenschiff

Rundgang

▶ Plan in der hinteren Umschlagklappe

Mittelschiff

1 JAKOBUSALTAR

Der 1503/04 gestiftete Mittelschrein mit den Figuren des hl. Jakobus Maior, Petrus und Matthäus wurde im 17. Jahrhundert um bemalte Flügel mit Szenen aus der Vita des Patronheiligen ergänzt. Der hl. Jakobus Maior mit den beiden Stiftern zu seinen Füßen und den ihn flankierenden Figuren entstanden in der Werkstatt des klevischen Bildhauers Dries Holthuys.

▶ Beschreibung S. 83–84

2 ANNENALTAR

In einem rechteckigen Schrein ist als zentrale Gruppe eine thronende hl. Anna selbdritt dargestellt. Rechts neben dem Thron sind die drei legendären Ehemänner Annas in einen lebhaften Disput verwickelt. An der linken Seite schaut der hl. Josef, gekleidet in Pilgertracht, zu und reicht dem Jesuskind Trauben. Über dem Thron schwebt der segnende Gottvater, umgeben von einer Schar musizierender Engel. Der holzsichtig konzipierte Altar zeichnet sich durch eine Monumentalität aus, die in den übrigen Kalkarer Bildwerken fehlt. Er wurde nach der Säkularisierung des Kalkarer Dominikanerklosters in die Stadtpfarrkirche überführt. Er ist das Hauptwerk des nach diesem Altar benannten Meisters, um 1490/1500.

▶ Beschreibung S. 107–108

3 HL. ROCHUS

Rochus, einer der vierzehn Nothelfer, wurde vor allem als Schutzpatron gegen die Pest verehrt. Er ist nach der Mode des frühen 16. Jahrhunderts als Pilger mit langen Locken und flacher Mütze dargestellt und verweist mit seiner rechten Hand auf eine Pestbeule am Oberschenkel. Als er sich den Pestleidenden annahm, erkrankte er auf der Rückreise einer Pilgerfahrt nach Rom selber an der Pest, zog sich in die Einsamkeit zurück und wurde von einem Engel gepflegt. Ein Hund brachte ihm sein tägliches Brot. Die Skulptur wird Kerstken van Ringenberg zugeschrieben und um 1510 datiert. Die Fassung stammt aus dem späten 19. Jahrhundert (▶ Abb. S. 41).

4 HL. AUGUSTINUS

Der heilige Bischof von Hippo (354–430), einer der vier Kirchenlehrer, trägt das Ornat eines Bischofs mit Mitra und Handschuhen. An seinen Fingern hat er mehrere Ringe. In der rechten Hand hält er sein Attribut, das Herz, ein Verweis auf eine Aussage in seinen »Confessiones« und Symbol seiner Gottes- und Nächstenliebe. Von der alten Fassung hat sich das Inkarnat in der Gesichtspartie erhalten. Das Bildwerk wird Meister Arnt zugeschrieben und um 1490 datiert.

5 DREIFALTIGKEITSALTAR

Von Arnt van Tricht, um 1535 bis 1540. Der Altar ist eine Stiftung des Kalkarer Schlüters Wolter van Riswick, dessen Wappen sich in der Hohlkehle über Gottvater befindet. In der Mitte die hl. Maria Magdalena, flankiert von den Apostelfürsten Petrus und Paulus. Im Auszug ist die Taufe Christi dargestellt. Die ornamentalen Teile des Altars sind in der Formensprache der Frührenaissance gestaltet. Die Figur der hl. Maria Magdalena besticht durch die ungemein reiche und virtuose Oberflächenbehandlung des ungefassten Holzes.

▶ Beschreibung S. 101–103

Der schlafende Jesse, Predella des Sieben-Schmerzen-Altars von Henrik Douvermann

6 Johannesaltar

Von Arnt van Tricht, 1541 bis 1543. Im Aufbau mit den drei Figurennischen ist der Altar mit dem einige Jahre früher entstandenen Dreifaltigkeitsaltar verwandt. Die Fomensprache der Frührenaissance ist allerdings weiter fortgeschritten. In der Mitte befand sich ursprünglich eine Marienstatue, die zu Anfang des 19. Jahrhunderts verkauft und durch die Figur des hl. Bischofs Severus, Patron der Wollweber, aus dem abgebrochenen Katharinenaltar ersetzt wurde. Diese Figur entstand zu Anfang des 16. Jahrhunderts und wird Kerstken van Ringenberg zugeschrieben. Links und rechts daneben die Figuren von Johannes dem Täufer mit den Namen des Stifters IAN BOEGEL (links) und Johannes dem Evangelisten (rechts) auf dem Sockel. Die Predella wird aus drei verglasten Schreinen gebildet. Die Flügel stammen aus dem 17. Jahrhundert und enthalten Szenen aus der Vita der beiden Johannes.

▶ Beschreibung S. 103–105

7 Crispinus- und Crispinianusaltar

Schrein mit drei Figuren. Die Patrone der Schuhmacher, die sich durch eine besonders kostbare Fassung auszeichnen und dem Bildhauer Kerstken van Ringenberg zugeschrieben sind, flankieren eine süddeutsche Muttergottesstatue, die 1999 als Ersatz für die ursprüngliche, seit dem 19. Jahrhundert verschollene Figur erworben wurde. Die Predella mit den Brustbildern von Heiligen und der hl. Anna selbdritt wurde um 1470 von dem Meister des Münsterer Nikolaustodes gemalt. Die Flügel mit Szenen aus der Vita der Patronheiligen sind barock.

▶ Beschreibung S. 85–86

8 Kanzel mit Statue des hl. Johannes des Täufers

Bei der Neueinrichtung 2000 wurde die Kanzel, die aus der ehemaligen Dominikanerkirche stammt, rekonstruiert, nachdem der Schalldeckel in den späten Sechzigerjahren des vorigen Jahrhunderts beseitigt worden war und die Rückwand mit dem hl. Dominikus als Vorderfront für einen Ambo am Choreingang benutzt worden war. Aus unbekannten Gründen tauschte der letzte Prior des Dominikanerklosters, Paulus van Laer, »seine« Kanzel mit jener in St. Nicolai, die 1657 von dem Pfarrer Theodor Metzmecher gestiftet worden war, und nahm diese mit nach St. Markus in Bedburg-Hau (▶ S. 30/31).

Die sechseckige »Dominikanerkanzel« mit den Brustbildern der vier lateinischen Kirchenväter (von links) Hieronymus, Augustinus, Gregorius und Ambrosius am Kanzelkorb und einem Relief des hl. Thomas von Aquin auf der Rückwand, stammt aus der zweiten Häfte des 17. Jahrhunderts. Der Schalldeckel gehört noch zur ursprünglichen Kanzel in St. Nicolai, deren Korb heute in Bedburg-Hau aufbewahrt wird. Auf dem Schalldeckel und dem Korb kommen dieselben Motive und Engelsköpfchen vor. Das Wappen mit den drei Messern am Schalldeckel verweist auf den Stifter, den Prior des Augustinerklosters Gaesdock und späterer Pfarrer von St. Nicolai Theordor Metzmecher.

Nach dem Abbruch der barocken Orgel 1863 wurden die Voluten des barocken Orgelgehäuses auf dem Schalldeckel als Konsole für eine Statue Johannes des Täufers, des großen Predigers, montiert. Der barfüßige Heilige ist in eine Kamelhaut gehüllt, die bis zum Boden reicht. Sein Kreuzstab trifft einen Teufelskopf sowie ein Bocksbein. Johannes, der sich gemäß seiner Umkehrpredigt mit seinen Füßen überstark umdreht, verweist auf sein Buch, dem Symbol des Predigers, und auf das darauf dargestellte Lamm Gottes: ein Hinweis auf Christus, den Johannes in seinen Predigten ankündigte. Die ursprüngliche Bemalung hat sich in den Hautpartien des Gesichtes und der Beine erhalten. Henrik Douverman schuf die Figur um 1525/30. Der ursprüngliche Kontext der Skulptur ist unbekannt (▶ Abb. S. 41).

9 Marienleuchter

▶ Beschreibung S. 114–117

10 GEORGSALTAR

Von Meister Arnt von Kalkar, 1484. Rechteckiger Schrein mit einem Auszug und spätgotischen Flügeln, aufgestellt auf zwei nicht zugehörige Predellen. Der Mittelteil mit erhaltener originaler Fassung schildert in vielen Einzelszenen die Vita des hl. Georgs. In der zentralen, im Maßstab herausragenden Szene tötet der Heilige den Drachen und rettet somit das Leben der Prinzessin Aja. Die Flügelinnenseiten stellen die Legende der hl. Ursula dar. Auf den Außenseiten der Flügel sind der Kampf des hl. Georg mit dem Drachen (zum zweiten Male!), die Stifter und der hl. Christophorus dargestellt. Die untere Predella, vom ehemaligen Sebastianusaltar, zeigt sieben Brustbilder von Christus Salvator mit Heiligen, eine Gemeinschaftsarbeit von Derik und Jan Baegert. Darüber eine zweite Predella unbekannter Herkunft, mit drei tiefen Figurennischen, in denen von links nach rechts die Beweinung Christi, das Martyrium des hl. Erasmus und die Messe des Papstes Gregor des Großen, Anfang des 16. Jahrhunderts in der Werkstatt des Ludwig Jupan von Marburg entstanden, zu sehen sind.
▶ Beschreibung S. 54–63

11 MARIENALTAR

Von Ludwig Jupan von Marburg, 1507/08. Über einer Predella mit Szenen aus dem Leben des Evangelisten Johannes erhebt sich der rechteckige Schrein mit einer Schilderung des Marienlebens in neun Szenen, die ohne architektonische Abgrenzung neben- und übereinander gestaffelt sind. Den Anfang bildet die Abweisung des Opfers von Joachim, links oben. Rechts oben ist der Tempelgang Mariens dargestellt. In den unteren Bereichen verläuft die Schilderung jeweils von links nach rechts. Die Bildmitte wird von der Verkündung Mariens und der Darstellung des Marientodes eingenommen. Der Altar wurde von Jupan holzsichtig konzipiert. Die Flügel mit Szenen aus der Vita des hl. Sebastian stammen vom Sebastianusaltar und entstanden um 1525/30.
▶ Beschreibung S. 87–91

Hochchor

12 ZELEBRATIONSALTAR UND AMBO

Der 1965 von dem Kalkarer Bildhauer Alfred Sabisch geschaffene Altar (heute in der kath. Pfarrkirche in Louisendorf) wurde im Rahmen der Neueinrichtung 2000 durch einen Altar und einen Ambo nach Entwürfen von Erwin Heerich (Kassel 1922–2004 Meerbusch-Osterath) ersetzt. Der aus schwarzem, polierten Granit geschaffene Altar und der Ambo zeichnen sich durch eine klare, geometrisch bestimmte Formensprache aus (▶ Abb. S. 19).

13 CHORGESTÜHL

Die nicht gebräuchliche Errichtung eines Lettners in einer Pfarrkirche, wie das in Kalkar der Fall war, bedingte die Anfertigung eines Chorgestühls, um dem Raum östlich des Lettners eine Funktion zu verleihen. Es gab an der Kirche keine Kanoniker oder andere Stiftsherren, aber die Bruderschaft Unserer Lieben Frau, die bei der Liturgie für die Kirchenmusik verantwortlich war, hat großen Wert auf ein Chorge-

Henrik Bernts, Chorgestühl: Spinnender Affe **(35)**

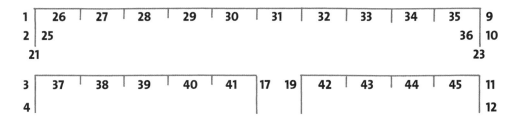

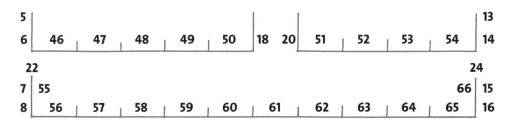

Westseite   **Ostseite**

Chorgestühl, von Henrik Bernts aus Wesel, 1505–1508

Außenseiten der Bänke:

1 Hl. Nikolaus mit Spruchband: Scs. nicolaus
2 Hl. Cornelius, über ihm ein Mann mit dem Wappen Kalkars
3 Hl. Martin
4 Hl. Quirinus
5 Hl. Hubertus
6 Bischofsweihe des hl. Martin
7 Hl. Antonius Abbas
8 Hl. Agnes mit Spruchband: Sancta Agnes virgo
9 Hl. Petrus mit Spruchband: Sanctus petrus ap
10 Ambrosius, über ihm ein trinkender und ein essender Narr
11 Hl. Anna Selbdritt
12 Hl. Augustinus
13 Hl. Hieronymus
14 Krönung Mariens
15 Papst Gregor der Große
16 Muttergottes mit Spruchband: Sca. maria virgo
17 Christus stürzt unter dem Kreuz.
18 Christus stürzt unter dem Kreuz.

19 Schreibender Engel
20 Schreibender Teufel
21 fehlt
22 fehlt
23 Hl. Laurentius
24 Hl. Stephanus

Miserikordien und Dekoration der Innenseiten der Wangen:

25 Blatt
26 Blatt
27 Katze mit Milchtopf
28 Blatt
29 Adler mit Wappenschild
30 Blatt
31 Wilder Mann mit Wappenschild
32 Blatt
33 Schwan mit Wappenschild
34 Blatt
35 Spinnender Affe
36 Schwein und Dudelsack
37 Rankenwerk mit Blüten
38 Blatt
39 Bärtiger Kopf
40 Distelblüte
41 Adler mit Wappenschild
42 Pelikan

43 Blatt
44 Seejungfer mit Spiegel und Kamm
45 Kentaur
46 Blatt
47 Frau gähnt mit dem Ofenmund eines Backofens um die Wette
48 Blatt
49 Stützender Mann
50 Blatt
51 Blatt
52 Kämpfende Löwen
53 Blatt
54 Flötenspieler
55 Esel mit Rosenkranz
56 Eule
57 Blatt
58 Stützender Mann
59 Blatt
60 Dudelsack spielender Esel
61 Blatt
62 Lesender Mönch
63 Blatt
64 Eierdrescher
65 Blatt
66 Mann mit Brille und Rosenkranz

stühl gelegt. Somit war das Chorgestühl den Mitgliedern dieser Bruderschaft, zu der alle angesehenen Bürger gehörten, vorbehalten – nicht nur bei deren wöchentlichen Marienmessen.

Da für die Anfertigung eines Chorgestühls die besonderen Kenntnisse und Fähigkeiten eines Schreiners (»Kistemeker«) für wichtiger gehalten wurden als die eines Bildhauers, fiel die Wahl auf den seit 1472 in Wesel nachweisbaren Henrik Bernts. Eine Abordnung des Kirchenvorstandes mit dem Bürgermeister, dem Oberrevisor der Kalkarer Kirchenfabrik, Henrik van Thiel, und mit dem Fraterherrn Wilhelm reiste am 14. Mai 1508 von Kalkar nach Wesel, um mit Bernts zu sprechen. Zwei Tage später besichtigte die Gesellschaft zusammen mit Bernts das inzwischen schon dreißig Jahre alte, aber immer noch als vorbildhaft betrachtete Chorgestühl von Meister Arnt in der Minoritenkirche zu Kleve (1474). Anschließend wurde in Kalkar in Anwesenheit des Bürgermeisters, seines Gesellen und einiger Schöffen der Vertrag mit

Henrik Bernts, Chorgestühl: Schreibender Teufel (20)

Henrik Bernts geschlossen. Noch im selben Jahr, 1508, kam Bernts mit einigen Gehilfen nach Kalkar, um das 38 Sitze umfassende Gestühl abzuliefern, das alte abzubrechen und das neue aufzustellen. Als Entgelt erhielt er 400 Hornsche Gulden sowie einen Teil in Naturalien.

Das Gestühl, das an der Nord- und Südwand des Chores aufgestellt ist, besteht an jeder Seite aus zwei Reihen von Sitzplätzen, einer erhöhten Reihe von zehn Stallen an der Rückwand und einer Reihe von neun davor – einer weniger, weil in der Mitte ein Zugang zu der hinteren Reihe freigelassen ist, der die beiden Zugänge an den Kopfenden entlasten sollte.

Die Wangen des Gestühls sind mit Bildwerken von Heiligen verziert. An der Ostseite unten befinden sich die vier großen Kirchenväter: Papst Gregor, Hieronymus, Augustinus und Ambrosius. Darüber in der jeweiligen Wange an der Chorwand, Maria, die Patronin der Bruderschaft Unserer Lieben Frau (Südseite), und Petrus mit den Schlüsseln (Nordseite). Auf der unteren Wange davor, welche die vordere Sitzreihe abschließt, die Krönung Mariens und Anna selbdritt. Die Zugänge in der Mitte der ersten Reihe sind an der Südseite mit den einander zugewandten Gruppen von Christus, der unter dem Kreuz fällt, und einem

Henrik Bernts, Chorgestühl: Esel mit Rosenkranz (55)

Henrik Bernts, Chorgestühl: Nordseite

schreibenden Teufel, an der Nordseite wieder mit Christus, der unter dem Kreuz fällt, und einem schreibenden Engel geschmückt. Der schreibende Teufel und der schreibende Engel sind nach der Überlieferung eine Anspielung auf die abwechselnd von einem der Vikare ausgeübte Tätigkeit, die Anwesenheit und die Beteiligung der Mitvikare beim Chorgottesdienst genau zu notieren: so hat der Teufel mit seinem großen Tintenfass viel aufzuschreiben, der Engel mit dem kleinen aber nur wenig.

An der Westseite des Gestühls sieht man im unteren Teil der Wangen die vier heiligen Marschälle, die im Erzbistum Köln besonders verehrten heiligen Nothelfer Cornelius, Quirinus, Hubertus und Antonius Abbas. In den beiden oberen Wangen der Außenseiten sind die Standbilder der Kirchenpatrone St. Nikolaus und St. Agnes, über den Wangen der niedrigen Bänke der hl. Martin mit einem Bettler und

seine Bischofsweihe dargestellt. Die Unterseiten der 38 Klappsitze sind teils mit Darstellungen aus der Fabelwelt oder mit solchen verziert, die eine sprichwörtliche oder moralisierende Bedeutung haben, teils aber auch mit dekorativen Blattornamenten.

Reich geschmückt sind die Dorsale, die Rückwände des Gestühls. Sie zeigen spätgotisches Maßwerk und Teppichvorhänge mit einem Damastmuster, das durch Punzierung erreicht wurde. Um 1600 wurde die abschließende Vierteltonne des Dorsals durch einen Baldachin mit Kronleiste erneuert.

Im architektonischen Aufbau folgt das Chorgestühl eng dem Meister Arnt zugeschriebenen Gestühl in der Klever Minoritenkirche (1474). Auch in den figuralen Teilen zeigt sich Henrik Bernts nicht als Neuerer, sondern eher als Nachahmer der von Meister Arnt eingeführten Typen. Die Formensprache ist relativ eintönig,

Henrik Bernts, Chorgestühl nach Westen, 1505–1508. Zelebrationsaltar und Ambo von Erwin Heerich, 2000. Im Vordergrund die Kommunionbank von Ferdinand Langenberg, 1903

und die bildnerische Qualität bleibt denn auch hinter anderen Kunstwerken in St. Nicolai zurück, wobei man dem Schnitzwerk eine etwas volkstümliche, aber sehr fantasievolle Ausdruckskraft nicht absprechen kann (▶ Abb. S. 162).

14 Christus und zehn Apostel

Seit der Neueinrichtung 2000 sind die Eichenholzskulpturen von Christus und zehn Aposteln (ein elfter ist seit dem Zweiten Weltkrieg verschollen) wieder auf dem Baldachin des Chorgestühls aufgestellt. Hier standen die Skulpturen bereits von 1818 bis 1965, als sie einen Platz an der Chorwand im Südchor erhielten. Die Aufstellung auf dem Chorgestühl in der Nähe des Lettners und des westlich davor stehenden Kreuzaltars, die beide 1818 abgerissen wurden, bietet vielleicht einen Hinweis auf ihre Provenienz. Nach Wolff standen die Apostel auf dem Lettner, aber möglicherweise stammen sie aus dem früheren Kreuzaltar. Dieser wäre dann ein Retabel frühesten Typs gewesen, in dem unter hohen Baldachinen mit viel Maßwerk die Figuren nebeneinander gereiht aufgestellt waren. Die meisten der untersetzten Figuren, die ursprünglich gefasst waren, sind an ihren Attributen zu erkennen. Christus ist dargestellt als Salvator mit dem rechten Fuß auf dem Himmelsglobus ruhend. Die schweren, teilweise mühsam gestalteten Gewandfalten, die schweren Köpfe und das anliegende, fein geritzte Haar deuten auf eine Entstehung um oder kurz nach der Mitte des 15. Jahrhunderts, aller Wahrscheinlichkeit nach am Niederrhein hin (▶ Abb. S. 133).

15 Kommunionbank

Die 1903 von dem Gocher Bildhauer Ferdinand Landenberg geschaffene Kommunionbank, geschmückt mit zahlreichen Hinweisen auf die Eucharistie, trennte bis um 1970 den Chor vom Kirchenschiff. Heute dient sie vor dem Hochaltar als Absperrung des Hochchores. Die Kommunionbank ist geschmückt mit den Heiligen der Eucharistieverehrung. Es sind von links:

Bonifatius, Apostel der Deutschen im 7. Jahrhundert; Juliane von Lüttich, auf deren Visionen hin das Fronleichnamsfest 1277 in Köln eingeführt wurde; Thomas von Aquin († 1274), der als großer Theologe des Mittelalters Sakramentslieder wie »Gottheit tief verborgen« schrieb; Bonaventura, ein Franziskanertheologe und Kardinal († 1274), auf dessen Initiative nach dem Blutwunder von Bolsena das Fronleichnamsfest weltweit eingeführt wurde; Klara van Assisi († 1253), die mit der Monstranz in der Hand die Stadt vor den plündernden Soldaten bewahrt hat; Willibrord († 739) als Missionar und Erzbischof von Utrecht, dargestellt mit Ölkrug, weil er gegen Hautkrankheiten angerufen wird.

Die beiden Hirsche sprechen von der Sehnsucht nach Gott wie in Psalm 42: »Wie der Hirsch lechzt nach frischem Wasser, so lechzt meine Seele, Gott, nach dir.« Die Tauben in den Feldern der Kommunionbank picken an den Weintrauben: Das Blut Christi verhilft zum ewigen Leben wie der Paradiesstrom die Hirsche in der Mitte zum »Wasser des Lebens« führt.

16 Sakramentshaus

Das Sakramentshaus aus Sandstein besteht aus einem flachen Sockel, über dem sich der Tabernakel befindet. Dieser wird von einer aus dem Jahr 1579 stammenden schmiedeeisernen Türe und einer sich verjüngenden, reichen Baldachinarchitektur abgeschlossen. Sie rankt sich um einen polygonalen, aus fünf Seiten eines Achtecks bestehenden Mittelschaft. Das Gehäuse mit seinen Fialen und Baldachinen wirkt wie ein turmartiger Mikrokosmos und eine exemplarische Vergegenwärtigung der gotischen Ideale, ein Verweis auf seine Funktion als Schatzhaus der Hostie, des Kostbarsten aus der Liturgie. Das Sakramentshaus bietet in zwei Ebenen Raum für Skulpturen: neben dem eigentlichen Tabernakel stehen unter Baldachinen die Figuren des Kirchenpatrons St. Nikolaus und des hl. Johannes des Täufers. Im Baldachin sind der Schmerzensmann, flankiert von der Muttergottes und Johannes dem Evangelisten dargestellt.

Sakramentshaus, um 1450

Die Skulpturen mit ihren wenig räumlich konzipierten Volumina scheinen noch in der Nachfolge der burgundischen Plastik des frühen 15. Jahrhunderts zu stehen. Sie legen eine Entstehung des Sakramentshauses um die Mitte des 15. Jahrhunderts nahe. Es wäre damit das früheste aller niederrheinischen Sakramentshäuser. Die alte Zuschreibung des Sakramentshauses an den aus Zwolle stammenden Baumeister Willem Backerweerd, der 1488 die südliche Turmkapelle errichtete und wenig später in Xanten bauleitend tätig wurde, ist unbegründet. 1492 wurde das Sakramentshaus von einem Maler Peter polychromiert, 1850 von dem Kölner Maler Johann Stephan neu gefasst. (▶ Abb. links)

17 HOCHALTAR

Höhepunkt der Kalkarer Altäre ist der aus über 200 geschnitzten Figuren bestehende Hochaltar mit farbenprächtigen Flügelgemälden. Der Altarschrein ist der Passion Christi gewidmet, auf den Flügeln sind die Kindheit Jesu, das öffentliche Leben Jesu und Szenen aus der Passion, die im Mittelteil fehlen, dargestellt. Den Auftrag für den Altar erteilte die Bruderschaft Unserer Lieben Frau nach langen Beratungen 1488 Meister Arnt in Zwolle, einem vertrauten Künstler, da dieser bis 1484 in Kalkar gearbeitet hatte. Arnt entwarf einen rechteckigen Schrein mit Auszug auf einer hohen Predella. Das Projekt hatte enorme Ausmaße, und die Ausführung sollte mehrere Jahre in Anspruch nehmen. Im Januar 1492 starb Arnt plötzlich. Nur die Fußwaschungsszene in der Predella hatte er fertiggestellt. Erst sechs Jahre später beauftragte die Bruderschaft nach langem Suchen Arnts früheren Gehilfen Jan van Halderen mit der Anfertigung von zwei Probestücken, dem Einzug Christi in Jerusalem und der Abendmahlsszene. Wahrscheinlich fielen diese nicht zur Zufriedenheit aus, da kurze Zeit später Ludwig Jupan aus Marburg den Auftrag erhielt, den Altar zu vollenden. Die meisten der Gruppen im Mittelteil stammen von ihm. Bei einigen hat er von Meister Arnt begonnene Skulpturen zu Ende gearbeitet. 1505/06 bis 1508/09 bemalte Jan Joest aus Haarlem die Altarflügel, die lange den Ruhm Kalkars ausmachten.

▶ Beschreibung S. 65–81

18 HL. NIKOLAUS

Rechts neben dem Hochaltar steht ein spätgotischer Baldachin in Form einer steilen Pyramide mit Eckfialen und sehr feingliedrigem Maßwerk aus dem dritten Viertel des 15. Jahrhunderts, das um 1900 von Ferdinand Langenberg in Goch als Bekrönung eines Figurentabernakels benutzt wurde. Der Baldachin stammt von dem 1818 abgerissenen Antoniusaltar und bot als Aufsatz dem Altarheiligen Platz (▶ Abb. S. 47). In seiner neuen Form dient er als Schrein für die Statue des hl. Nikolaus, des Patronheiligen der Kirche. Die Statue dürfte um 1470 bis 1480 entstanden sein und war ursprünglich gefasst. Sie krönte bis 1818 den Auszug des Hochaltars. Die Figur zeichnet sich durch schwere Gewandfalten aus. Der hl. Bischof von Myra, erkennbar an der Mitra, erhebt segnend die rechte Hand.

Südliches Seitenschiff

19 KLASSIZISTISCHER BEICHTSTUHL

Der Beichtstuhl entstand Anfang des 19. Jahrhunderts. Gegenüber, im nördlichen Seitenschiff, hat sich ein weiteres Exemplar erhalten.

20 TRIPTYCHON MIT DER MESSE DES PAPSTES GREGOR

Kleines Triptychon, möglicherweise für die Privatandacht. Auf der Mitteltafel die Messe des Papstes Gregor, dem während der Messe Christus inmitten der Arma Christi erschienen ist. Über dem Altar sind die Symbole für das Leiden Christi dargestellt. Auf dem linken Flügel der büßende hl. Hieronymus, auf dem rechten die Stigmatisation des hl. Franziskus. Nach dem Tode des an der Pest verstorbenen Pfarrers Matthias Holstegen 1599 wurde das Triptychon in eine Memorientafel verwandelt. In der rechten unteren Ecke der Mitteltafel wurde der

Hl. Nikolaus

kniende Pfarrer verewigt. Hinzugefügt wurden eine Ädikula mit dem Antlitz Christi, oben, und eine Inschrifttafel, unten. Der Flügelaltar ist wahrscheinlich im Umfeld des Kölner Meisters der Hl. Sippe um 1500 entstanden.

21 ORGEL

Über dem Eingang des Südportals befindet sich seit 1684, mit einer Unterbrechung von 1833 bis 1868, die Orgel der St. Nicolaikirche. 1833 bis 1868 stand sie auf einer Empore an der Ostwand des Turmes. 1868 wurde das barocke Orgelwerk von dem Rheinberger Orgelbauer Bernard Tibus (1815–1896) durch ein neues ersetzt. Die alte barocke Orgel aus dem Jahr 1684 wurde Tibus für 1500 Mark in Zahlung gegeben.

Das neue Orgelgehäuse wurde von dem Kölner Architekten Heinrich Wiethase (1833 bis 1893), einem Schüler von Friedrich von Schmidt, im neugotischen Stil konzipiert. Der Orgelprospekt nimmt die Breite eines Joches ein. Die Mitte wurde durch einen zentralen, vorkragenden Orgelturm, dessen Grundriss in der Orgelbühne wiederkehrt, akzentuiert. Das Gesprenge ragt bis an das Gewölbe. Bevor der Entwurf zur Ausführung kam, gab es auf Wunsch des Bistums einige Korrekturen, da der Entwurf zu sehr an die Formensprache der späten Gotik angelehnt war. Mit der Ausführung wurden die Gebrüder Konrad Joseph und Friedrich Kramer in Kempen beauftragt, die schon um die Jahrhundertmitte eine bedeutende Werkstatt für neugotische Skulptur führten. Ihre Werkstatt war bis zur Etablierung der Werkstatt von Ferdinand Langenberg in Goch führend am Niederrhein. Wie dieser trugen sie eine Sammlung mittelalterlicher Skulpturen zusammen, die später den Grundstock für das Kramer-Museum in Kempen bildete.

Das Orgelgehäuse ist das imposanteste Beispiel der Neugotik in St. Nicolai. Es zeigt wie intensiv schon um 1865 die Auseinandersetzung von Architekten, wie Heinrich Wiethase, mit den Werken der Spätgotik, die in der Kalkarer Kirche beispielhaft vertreten sind, war. Die Orgel fügt sich harmonisch in die Architektur des Gebäudes ein. Stilistisch dokumentiert sie die Neubelebung der Formenwelt der Spätgotik um 1860, der die Kalkarer Kirche ihre Restaurierung und Erforschung und somit letztendlich ihre Wertschätzung verdanken sollte. Das Orgelwerk ist 1904 durch ein neues von Franz Tibus ersetzt worden. Dieses machte 1968 einer Scheifladenorgel von Romanus Seifert Platz, die drei Manuale mit 34 klingenden Registern, sechs Koppeln und etwa 2500 Pfeifen besitzt.

22 EPITAPH BROUWER GEN. BAM

Beim Tode des Amsterdamer Bürgermeisters Cornelis Brouwer gen. Bam (Amsterdam 1512 bis 1592 Kalkar), der zusammen mit seiner Gattin in einem kleinen Grabkeller in St. Nicolai bestattet wurde, schenkten die Söhne der Kirche als Memorienepitaph ein Gemälde mit der Darstellung der Kreuzigung und des Verstorbenen mit seiner Familie. Vor einer figurenreichen Darstellung der Kreuzigung kniet im Vordergrund der Bürgermeister mit seiner Familie: links er selbst mit seinen vier Söhnen, rechts seine Frau Cornelia Wessels mit ihrer Tochter und ganz im Vordergrund drei früh verstorbene Kinder, erkennbar an ihren Engelsgewändern. Das Gemälde, das früher dem Amsterdamer Maler Pieter Aertsen (Amsterdam 1507/8–1575 Amsterdam) zugeschrieben wurde, heute aber als Werk von dessen Sohn Pieter Pietersz. (Antwerpen 1550–1612 Amsterdam) gilt, muss vor dem Jahr 1577 entstanden sein, als Bams ältester Sohn, der hier als erster hinter ihm kniet, in Amsterdam verstarb. Möglicherweise hing dieses Epitaph noch kurze Zeit als Stiftung in der »Oude Kerk« zu Amsterdam. Hierauf weist auch die aufwendige Rahmung mit korinthischen Halbsäulen und einer Renaissanceädikula. Unten zwischen den Sockeln erwähnt eine Inschrifttafel die Geschicke des Bürgermeisters und die Stiftung. Bis 1818 hing das Epitaph über dem Grabstein der Familie Brouwer gen. Bam (▶ Abb. S. 29).

23 ALTARFLÜGEL VON THEODOR HAEFFACKER

Bei den als Grisaille gemalten, beschädigten, aus dem 17. Jahrhundert stammenden Flügeln handelt es sich um Reste des Stephanusaltars. In der Inschrift am unteren Rand ruft der Provisor Theodor Haeffacker mit seiner Frau geb. Ruiben 1636 die Heiligen und auch den Patron der Stephanus-Bruderschaft an um Fürbitte für das ewige Leben. Dargestellt sind bei geschlossener Ansicht sein Namenspatron Theodor und die heilige Barbara. Auf den Innenseiten der Flügeln sind die Predigt und die Steinigung des ersten Märtyrers Stephanus dargestellt.

24 DREI ALTARFRAGMENTE

Zu den ältesten erhaltenen Einrichtungsstücken gehört ein auf der Vorder- und Rückseite bemalter Altarflügel, der um 1440 unter Einfluss der flämischen Malerei von Robert Campin entstanden ist. Auf der Rückseite ist der hl. Georg dargestellt, auf der Innenseite die thronende Muttergottes, wahrscheinlich die linke Hälfte einer Marienkrönung.

In der Mitte hängt ein Fragment eines gemalten Triptychons mit dem Schmerzensmann, stehend auf einer blühenden Wiese und seine Hände mit den Wundmalen erhebend. Das Gemälde ist vermutlich die Arbeit eines geldrisch-klevischen Künstlers um 1440, der kölnische Einflüsse verarbeitet hat. Rechts hängt ein kleiner Altarflügel mit der Darstellung eines Bischofs, entstanden um 1450.

25 Hl. Cunera und hl. Laurentius

Die kleinen Bildwerke befinden sich heute in einem neugotischen Schrein, den Ferdinand Langenberg kurz nach 1900 angefertigt hat.

Die hl. Cunera von Rhenen, eine niederländische Heilige, trägt als Attribut um ihren Hals einen Schal, mit dem sie erwürgt worden ist. Dieser Skulptur stilistisch sehr verwandt ist die Figur des hl. Laurentius. Der jugendliche römische Diakon hält mit seiner rechten Hand den Rost, auf dem er zu Tode gemartert wurde, weil er die Reichtümer der Kirche, welche Kaiser Valerianus haben wollte, unter die Armen verteilt hatte. In der linken Hand hält er ein geöffnetes Buch. Beide Skulpturen bestechen durch ihre ursprüngliche Fassung. Über ihre Herkunft ist nichts bekannt. Sie werden der Werkstatt des Kerstken van Ringenberg zugeschrieben, was aber aufgrund der stilistischen Unterschiede fraglich erscheint.

26 Antoniusaltar

Vom früheren Antoniusaltar ist als wichtigster Teil das 1460 datierte Triptychon erhalten geblieben. Auf dem Mittelteil ist der Tod Mariens und auf den Flügeln sind Szenen aus dem Leben des hl. Antonius dargestellt. Er ist der früheste der Kalkarer Altäre und stammt aus einer Zeit, als die geschnitzten Altäre noch nicht verbreitet waren. Das Werk wird dem Meister des Kalkarer Marientodes, einem am

Niederrhein arbeitenden Maler und vermutlichen Lehrer Derik Baegerts, zugeschrieben.
▶ Beschreibung S. 51–53

27 Gemälde mit der Kreuzigung

Das Gemälde ist durch gemalte Säulen in drei Teile gegliedert. In der Mitte ist vor einer Landschaft mit der Stadt Jerusalem eine vielfigurige Kreuzigungsszene dargestellt. Links des Gekreuzigten eine Gruppe trauernder Frauen, rechts reich gekleidete Bürger und Soldaten. In den schmalen seitlichen Zonen stehen unter spätgotischen Baldachinen und vor Brokatvorhängen links die hl. Anna selbdritt und rechts die hl. Elisabeth von Ungarn mit einem Bettler, beides Themen, die sich für die Andacht in einem Nonnenkloster eignen. Das Gemälde entstand um 1520 bis 1525 in der Werkstatt eines unbekannten niederrheinisch-westfälischen Malers. König Friedrich Wilhelm IV. von Preußen maß bei seinem Besuch 1833 dem Gemälde eine große künstlerische Bedeutung bei. Auf seine Anregung hin wurde das Bild restauriert (▶ Abb. S. 34).

Südchor

28 Gemälde mit Mariä Himmelfahrt

Die Komposition des Gemäldes über der Sakristeitür ist von Pieter Paul Rubens beeinflusst. Der ursprüngliche Zusammenhang ist unbekannt. Datiert wird das Bild auf die zweite Hälfte des 17. Jahrhunderts.

29 Kalvarienberg

Die aus Eichenholz geschnitzte, 1958/59 freigelegte Gruppe zeigt die Kreuzigung mit den am Fuße des Kreuzes trauernden Heiligen Maria Magdalena, Maria und Johannes. Der Kruzifixus ragt hoch über die (niederrheinischen Backstein-)Häuser der Stadt Jerusalem heraus. Die Gruppe entstand, wie der Typus des Gekreuzigten dokumentiert, in der direkten Nachfolge des Meisters Arnt. Die Figuren von Maria mit ihren vor der Brust betend gefalteten

Händen und Johannes, der in einer Geste des Trauerns mit seiner Linken in die Kopfhaare greift und in der Rechten seinen Evangelistenkodex hält, gehen auf die Triumphkreuzgruppe von Huisberden bei Kalkar zurück. Der Figurentypus und die Art der Abwandlung von Arntschem Formengut weisen in Richtung seines in Kleve wirkenden Schülers Dries Holthuys. Die Gruppe entstand um 1500.

30 Christus im Grabe

Seit 1901 liegt in einer Nische in der Außenwand des Südchores die Figur des Christus im Grabe, die – wie urkundlich gesichert – von der Liebfrauenbruderschaft bei Meister Arnt in Auftrag gegeben und bereits 1487 im Chor aufgestellt war. Der tote Christus hält die Hände mit den herausquellenden Adern gekreuzt auf dem Schoße des hageren, eingesunkenen Leibes. Der auf einem Kissen ruhende Kopf des Toten mit dem halboffenen Mund, den gebrochenen Augen und unter der Dornenkrone herausquellenden Haarsträhnen, ist durch eine für Meister Arnt typische, lineare Spannung gekennzeichnet (▶ Abb S. 27).

Nach Wolff befand sich die Figur im 19. Jahrhundert und früher in einem mit Vorhängen abgeschlossenen Bereich im südlichen Seitenschiff und wurde von dort in der Karwoche in den Chor getragen. Bildwerke des Christus im Grabe haben sich am Niederrhein sowohl im Xantener Dom als auch in Kleve in der ehem. Stiftskirche und in der ehem. Minoritenkirche erhalten.

Die die Skulptur umrahmende Grabesnische mit der Tumba wurde 1901 von Ferdinand Langenberg unter Verwendung älterer Fragmente neu geschaffen. In den Seitenwänden verarbeitete er gotische Holzpaneele mit Faltwerk. Auf Renaissancesäulen, die der Werkstatt des Arnt van Tricht nahestehen, sind neugotische Kapitelle montiert, auf denen zwei neugotische Engel mit den Arma Christi – Arbeiten von Ferdinand Langenberg – platziert sind. An der Rückwand der Grabesnische befinden sich barocke Flachreliefs mit Engeln, wohl Fragmente des alten Orgelgehäuses.

31 Sieben-Schmerzen-Altar

Nach der Restaurierung durch Ferdinand Langenberg wurde der Altar 1906 im Südchor aufgestellt. Der Altar, der von Henrik Douverman aus Kalkar entworfen und geschaffen wurde, galt lange Zeit mit den Flügeln des Hochaltars des Jan Joest als das berühmteste Kunstwerk in St. Nicolai. Douverman hat ein ursprünglich flügelloses Retabel entworfen, das den Sieben Schmerzen Mariens gewidmet ist, die in sieben Gefachen im Uhrzeigersinn dargestellt sind. Die Reihenfolge der Szenen beginnt rechts unten mit der Darbringung von Jesus im Tempel, findet in der Kreuzigungsszene im Auszug ihren Höhepunkt und endet mit der Grablegung. Den Mittelpunkt des Schreines bildete ein vermutlich aus dem 14. Jahrhundert stammendes, sehr verehrtes Vesperbild, für das der Altar eine Art Präsentationsbühne war und die Darstellung der Sieben Schmerzen Mariens eine Erzählung um dieses Bildwerk.

Höhepunkt des Altars ist die Predella mit dem schlafenden Jesse und den Königen Salomon und David (mit der Harfe), die im wild wuchernden Geäst beinahe verschwinden. Der Stamm Jesses umrankt in der Hohlkehle den gesamten Schrein und öffnet sich in der Bekrönung des Altars in dem fast barock wirkenden Gesprenge, das von einer Muttergottesstatue gekrönt wird.

Der Altar ist mit Ausnahme der drei Kruzifixe in der Kreuzigungsdarstellung nicht gefasst. Die Bildwerke bestechen noch heute durch die große Erzähl- und Detailfreude und beeindrucken durch eine offen zur Schau gestellte Virtuosität.

▶ Beschreibung S. 93–99

32 Hl. Andreas

Der Apostel ist mit einem geöffneten Codex in der rechten Hand dargestellt. Er liest darin, während er mit dem linken Arm das Kreuz umfasst und mit seiner linken Hand den Mantel hochnimmt. Die Figur besticht durch die 1957 bis 1959 freigelegte originale Fassung. Über seine Geschichte sind wir relativ gut informiert. Entstanden ist die Skulptur um 1505 bis

1510 in der Werkstatt des Ludwig Jupan von Marburg. Bis 1818 war sie Bestandteil des Sebastianusaltars.

33 HL. JODOKUS

Der hl. Jodokus entstammt einem bretonischen Fürstengeschlecht, entzog sich der Nachfolge in der Herrschaft und gründete eine Einsiedelei, die spätere Benediktinerabtei St. Josse-sur-Mer. Der hl. Jodokus, dessen Kult sich von Prüm aus über Deutschland verbreitete, wurde vor allem als Patron der Pilger verehrt. So ist er hier auch dargestellt: Über sein vergoldetes Gewand ist diagonal ein azuritfarbener Reisemantel geschlagen. Der Heilige trägt eine Pilgermütze mit Pilgerzeichen und Reiseschuhe. In der rechten Hand hält er einen (erneuerten) Pilgerstab, in der linken ein Buch. Die Figur entstand Anfang des 16. Jahrhunderts in der Werkstatt des Klever Bildhauers Dries Holthuys. Die Fassung wurde 1957 bis 1959 freigelegt (▶ Abb. rechts).

34 SPÄTGOTISCHE TRUHE

Die Truhe mit halbrundem Deckel, schmiedeeisernem Beschlag und fünf Schlössern hat nach Kalkarer Überlieferung zur Reiseausstattung des Amsterdamer Bürgermeisters Cornelis Brouwer gen. Bam gehört. Sie soll als Behälter für die »Amsterdamer Monstranz« fungiert haben.

35 TÜR ZUM HOCHCHOR

In der spätgotischen Tür, die vermutlich 1493 mit der Vollendung des Südchors eingesetzt wurde, befinden sich in der unteren Hälfte sechs Füllungen mit Faltwerk in zwei Ebenen und darüber ein geschmiedetes Durchsteckgitter. Eine ähnliche Türe befindet sich zwischen Hochchor und Nordchor. Auch die Türen in der nördlichen und südlichen Vorhalle stammen aus der Bauzeit: sie wurden wahrscheinlich 1482 angebracht.

Werkstatt Dries Holthuys, Hl. Jodokus

Sakristei (nicht zugänglich)

36 HL. KÜMMERNIS

In der Sakristei hängt über der Tür zur Kirche das Bildwerk einer gekreuzigten Heiligen: der hl. Kümmernis oder St. Ontcommer. Die niederländische Heilige ist in langem Gewand und mit einem Bart dargestellt. Um die Heirat mit einem heidnischen Prinzen zu vermeiden, hatte sie darum gebeten, dass sie für ihren Bräutigam zu unansehnlich werden möge, woraufhin ihr ein Bart wuchs. Nach der Legende wurde sie danach gekreuzigt. Die Darstellung der Gekreuzigten in langer Tunika geht wohl zurück auf eine Mischung zwischen dem Kult des Volto Santo in Lucca, einem sehr verehrten Kruzifixus, bei dem Christus in einer langen Tunika gekleidet, dargestellt ist und der Legende der hl. Kümmernis. Die Skulptur wird Kerstken van Ringenberg zugeschrieben und auf 1510 datiert.

37 SAKRISTEISCHRANK

In der Sakristei befindet sich ein spätgotischer Sakristeischrank mit Türen mit Faltwerkfüllungen, um 1510. Im späten Mittelalter waren die Kirchenräume nicht mit Mobiliar wie Bänke usw. gefüllt. Dies wurde erst im Laufe des 17. Jahrhunderts üblich.

Henrik van Holt, Altarkreuz

38 HANDWASCHUNG VON PILATUS

Das 1910 stark beschädigt auf dem Friedhof südlich der Kirche gefundene Relief stammt aus der Werkstatt des Arnt van Tricht, der sich um 1550 aus Mangel an Aufträgen für wichtige Werke aus Holz, auf Steinskulpturen spezialisierte. Häufig benutzte er dabei ältere grafische Vorlagen, hier der Kupferstich mit der Handwaschung des Pilatus von Martin Schongauer, entstanden um 1480. Das Relief ist über der alten Nische zum Waschen der Hände eingelassen, in der eine spätgotische Aquamanile hängt (▶ Abb S. 28).

39 SCHRANKWAND

Die Schrankwand besteht aus einem kompletten und zwei umgebauten Barockschränken. Die Schränke sind holländisch, 17. Jahrhundert. Der linke entstand in Utrecht.

40 ALTARKREUZ

Der stark auf Frontalität ausgerichtete Gekreuzigte zeichnet sich durch eine Monumentalität aus, die, ebenso wie die lang gezogenen Proportionen, an das ehemalige Triumphkreuz der Kalkarer Dominikanerkirche (heute Neerbosch) erinnern. Das Bildwerk aus Eichenholz besitzt keine Fassung und entstand um 1500/1510.

41 ALTARKREUZ VOM HOCHALTAR

Die neugotisch gefasste Kreuzigungsgruppe zeigt die am Fuße des Kreuzes kniende hl. Maria Magdalena in der modischen Tracht von ca. 1530. Hoch über ihr ragt der Gekreuzigte auf, der an einem mit Vierpässen mit den Evangelistensymbolen geschmückten Kreuzbalken genagelt ist.

Die kleine Gruppe wird dem Kalkarer Bildhauer Henrik van Holt zugeschrieben, der 1506 bis 1544 in Kalkar, zur gleichen Zeit wie Henrik Douverman, tätig war. Als Douverman sich 1515 in Kalkar niederließ, erhielt Henrik van Holt hier kaum noch Aufträge, so dass seine Werke vor allem außerhalb Kalkars anzutreffen sind (▶ Abb. oben).

42 BEICHTSTÜHLE

Als Auswirkung der Gegenreformation kamen im Laufe des 17. Jahrhunderts Beichtstühle neu in den Kirchenraum. St. Nicolai besitzt noch ein sehr seltenes frühes Exemplar, das, wie sich aus der strengen Formensprache der Renaissance ablesen lässt, aus dem frühen 17. Jahrhundert stammt.

43 EVANGELISTEN LUKAS UND MATTÄUS

Die beiden Evangelisten Lukas und Mattäus sind in der Tracht der Gelehrten zur Zeit ihrer Entstehung gekleidet. Sie veranschaulichen mit ihrer Kleidung, den Gelehrtenbaretten, dem Schreibzeug und den Büchern die Ideale des Humanismus, so wie diese z.B. auch von den Kanonikern am Xantener Dom verkörpert wurden. Die ungefassten Figuren von Lukas und Mattäus, die an ihren Evangelistensymbolen, dem Ochsen und dem sich anschmiegenden Engel erkennbar sind, bildeten vermutlich ursprünglich mit den verschollenen Bildwerken von Markus und Johannes eine Reihe von vier Evangelisten. Über deren Kontext ist nichts bekannt. Arnt van Tricht schuf die Skulpturen um 1540 in zeitlicher Nähe zum Johannesaltar (▶ Abb. rechts).

Arnt van Tricht, Evangelist Mattäus

44 HL. MARIA MAGDALENA

Die Statue der hl. Maria Magdalena von Henrik Douverman stammt aus dem zur Franzosenzeit 1802 säkularisierten Dominikanerkloster. Das lebensgroße Bildwerk zeigt die Heilige in der reichen Kleidung einer Kalkarer Bürgersfrau mit langem, unter dem Busen geschnürten Kleid, dessen Saum mit einem Akanthusmotiv verziert ist. Der viereckige, weite Halsausschnitt lässt ein fein gefälteltes Hemd sehen. Auf dem Kopf trägt sie eine aus Leinenbändern geflochtene Haube. Das Salbgefäß in ihren Händen weist auf ihre Bekehrung, als sie als reuevolle Sünderin im Hause Simons die Füße Christi salbte.

Stilistisch schließt sich die Figur eng an die Figurentypen des Sieben-Schmerzen-Altars (1518–1522) an, so dass eine Datierung um 1520 bis 1525 wahrscheinlich ist. Leider wurde 1861 von diesem Bildwerk die (ursprüngliche?) farbige Fassung entfernt (▶ Abb. S. 24).

45 ZWEI APOSTELBILDER

Neu an der Außenwand des nörlichen Seitenschffes sind zwei aus dem 17. Jahrhundert stammenden Altarflügel mit zwei geistlichen Stiftern und ihren Patronen, den Aposteln Simon Zelotes und Judas Thaddäus, erkennbar an ihren Attributen, einer Säge und einer Keule. (▶ Abb. S. 144).

Apostel Simon mit Stifter

Apostel Judas Taddäus mit Stifter

46 HL. GEORG

Die imposante Gruppe des hl. Georg mit dem Drachen stammt aus der 1816 verkauften Gasthauskirche am Mittelgraben hinter dem Rathaus, die später zu einem Wohnhaus umgebaut und im Zweiten Weltkrieg zerstört worden ist. Der geharnischte Heilige (Beschreibung seiner Vita ▶ S. 54) holt, in den Steigbügeln stehend, aus, um dem sich verzweifelt krümmenden Drachen den Gnadenstoß zu versetzen. Hinter ihm betet die Prinzessin Aja um einen guten Ausgang des Kampfes. Das Bildwerk, das noch zahlreiche Reste der ursprünglichen Polychromie bewahrt hat, kann unter anderem auch aufgrund von Zeitmerkmalen der Rüstung in die Zeit um 1470 bis 1480 datiert

werden. Möglicherweise bildete die Gruppe einst den Mittelpunkt eines Altars mit einem oder mehreren großen Bildwerken im Schrein, wie der rekonstruierte Jakobusaltar in St. Nicolai und der Martinsaltar im Dom von Xanten. Es ist noch nicht gelungen, die Skulptur einzuordnen (▶ Abb. S. 145).

47 TAUFBECKEN

Das Taufbecken aus Baumberger Sandstein zählt zur ältesten Ausstattung der Kirche, da Taufe und Begräbnis zu den wesentlichen Privilegien einer Pfarre zählen. Es war bis 1818 in der nördlichen Turmkapelle (1485–1486 errichtet) platziert, dann stand es lange in der süd-

lichen Turmkapelle, der sogenannten Taufkapelle, und seit den späten Sechzigerjahren befindet es sich im östlichen Joch des nördlichen Seitenschiffes. Das gewölbte, mit Blendmaßwerk geschmückte Becken erhebt sich über einem achteckigen Sockel und einem mit Kanneluren profilierten Schaft. In den Zwickeln des Maßwerks finden sich die Darstellungen des Lamm Gottes mit Kelch und Kreuz und von Engeln mit Palmzweigen und Musikinstrumenten, ein Hinweis auf Christus als Erlöser der Menschheit und ein Verweis auf das neue Leben durch die Taufe. Ein ähnliches, 1448 datiertes Taufbecken steht in der kath. Pfarrkirche St. Peter und Paul in Kranenburg (▶ S. 25).

terdam. Beim Konfessionswechsel 1578 wurde auch er, zusammen mit anderen Mitgliedern des Magistrats und der Geistlichkeit, aus der Stadt verbannt. Er ließ sich mit seinem Schwager in Kalkar nieder. Das Altargehäuse mit den Flügeln wird also in Amsterdam entstanden sein. Das in dem schrankartig vertieften Mittelteil des Schreines eingelassene Altärchen mit Alabasterreliefs ist um 1560 in Mecheln entstanden. Die Reliefs stellen die Kreuzigung, die Grablegung und die drei Marien am Grabe dar. Auf der Ädikula steht ein nackter Putto mit einem Wappenschild. Eine mit Wappen und Helmzier geschmückte Memorientafel mit Occos Sterbedatum, 4. Mai 1630, hängt in der südlichen Turmkapelle (▶ Abb. S. 30).

48 DREI ROKOKO-TAFELN

Die Tafeln wurden zu einer Kirchenbank verarbeitet.

49 HAUSALTAR DER FAMILIE BROUWER GEN. BAM/OCCO

Dieses Hausaltärchen ist eine Stiftung der Familie Brouwer gen. Bam. Es handelt sich um einen hölzernen, oben dreieckig abgeschlossenen Altarschrein mit bemalten Flügeln. Auf einem Schildchen ist zu lesen, dass Basilius Bam der Kirche das Altärchen geschenkt hat. Basilius Brouwer gen. Bam muss es von seiner Tante Lisbeth Jakobsd. Brouwer (geb. Amsterdam 1521) geerbt haben. Diese ist zusammen mit ihrem Ehemann, Sybrant Pompeiusz. Occo (Amsterdam 1514–1588 Kalkar) in betender Haltung auf den bemalten Seitenflügeln dargestellt: Sybrant Occo, 45 Jahre alt, links, und sie, 38 Jahre alt, rechts, zusammen mit der Jahreszahl 1559. Auf der Außenseite der Flügel ist die Erhöhung der ehernen Schlange dargestellt. Die Malereien erinnern sehr stark an Arbeiten des Amsterdamer Malers Dirk Jakobsz. (Amsterdam um 1497–1567 Amsterdam).

Sybrant Occo war der Sohn des berühmten Amsterdamer Bankiers und Humanisten Pompejus Occo (1465–1537). Er selbst war zwischen 1556 und 1572 fünfmal Bürgermeister von Ams

50 FLÜGELALTÄRCHEN

Links vor dem Zugang zur Sakramentskapelle hängt ein kleines Triptychon, das aus einem vertieften Mittelschrein mit einem südniederländischen Altärchen und aus zwei bemalten Flügeln besteht. Auf diesen ist links die Anbetung der Hirten und rechts, in zwei Ebenen aufgeteilt, die Verkündigung (oben) und der geistliche Stifter kniend an einem Betpult mit seinem (nicht identifizierten) Wappen (unten) abgebildet. Das Altärchen im Schrein mit Säulen und schwarz-gold gefassten Renaissancemotiven umfasst ein wohl nicht zugehöriges Halbfigurenbild der Muttergottes. Auch die Füllung der Ädikula scheint nicht ursprünglich. Vermutlich ist der Rahmen südniederdisch. Im Mittelteil und in der Ädikula befanden sich Mechelner Alabasterreliefs.

51 TRIUMPHKREUZGRUPPE
▶ Beschreibung S. 109–113

Nordchor (sogenannte »Alte Sakristei«)
Sakramentskapelle und Gebetsraum

52 KREUZIGUNG MIT STIFTER
Bescheidene Malerei aus dem 17. Jahrhundert
mit der Kreuzigung. Links unten ist der Stifter
dargestellt.

53 HEILIG-GEIST-IKONE
Die jüngst der Kirche geschenkte Pfingst-Ikone,
eine Arbeit des 19. Jahrhunderts, links neben
der Amsterdamer Monstranz, verweist auf die
neue Bezeichnung »Pfarre Hl. Geist« für die
2005 zusammengefügten Kalkarer Pfarren. Sie
zeigt eine Darstellung der Ausgießung des
Hl. Geistes an die Jünger, die mit Maria im
Gebet versammelt sind (▶ Abb. S. 148).

54 »AMSTERDAMER MONSTRANZ«
Die sehr reich verzierte Monstranz, die stilistisch eine Mischung von Motiven der Spätgotik
und der Frührenaissance zeigt, folgt dem Typus
der gotischen zylindrischen Turmmonstran-
zen. Sie wurde 1549 von Cornelis Brouwer gen.
Bam der St. Nikolaus geweihten alten Stadtkirche von Amsterdam geschenkt. Die beiden Patronheiligen dieser Kirche, der hl. Nikolaus als
Patron der Kaufleute und Maria, sind übereinander in Form kleiner Statuetten im Turm
dargestellt. Die dekorativen Teile mit mehr als
fünfzig kleinen Einzelbildwerken weisen, dem
Entstehungsdatum 1549 entsprechend, eine
Mischung aus der Formensprache der Spätgotik und der Frührenaissance auf.

Die Monstranz, deren Stifter Cornelis Brouwer 1577 der letzte katholische Bürgermeister
von Amsterdam war, sollte nach der Macht-
übernahme durch die Protestanten, 1578, zusammen mit anderen Gold- und Silberarbeiten
auf Anordnung des neuen Amsterdamer Magistrats eingeschmolzen werden, konnte aber
gegen ein Lösegeld zurückgekauft und 1579
dem zwei Jahre zuvor nach Kalkar geflohenen
Cornelis Brouwer gen. Bam ausgehändigt werden. Nach dessen Tod 1592 stiftete sein Sohn
Nikolaas Hendrik Brouwer gen. Bam die Mons-

Meister Arnt, Goldene Madonna

tranz 1619 der St. Nicolaikirche. Zu dieser Zeit
oder kurz danach wurde der ursprüngliche
Fuß, der möglicherweise beschädigt oder verloren gegangen war, durch einen neuen in den
Formen des Frühbarocks, geschmückt mit Blu-
men und Girlanden und mit vier Medaillons,
die Szenen aus dem Leben Christi zeigen, ersetzt. Auf der Vorderseite befindet sich das
emaillierte Wappen des Stifters. Die Monstranz
ist wegen des fast totalen Verlustes von vorreformatorischen Kultgegenständen in Amsterdam von besonderer Bedeutung für die Geschichte der nordniederländischen Gold-
schmiedekunst. 1980 wurde sie in einer Stele
von Ulrich Henn aufgestellt (▶ Abb. S. 29).

55 GOLDENE MADONNA
Die Madonna zählt zu den intimsten Bildwerken in St. Nicolai (▶ Abb. oben). Seit der Freilegung der originalen Fassung und Vergoldung
wird die Skulptur »Goldene Madonna« ge-

nannt. Die Muttergottes hält das dem Betrachter zugewandte Jesuskind – es hält in seiner Linken einen Vogel – diagonal vor ihrem Körper, ihren Blick hat sie auf das Kind gerichtet. Mit dem linken Fuß steht sie nach vorne auf einem geschweiften, sechseckigen Sockel. Sogar Marias Haare sind vergoldet, so dass die Muttergottesstatue den Eindruck himmlischer Kostbarkeit vermittelt.

Die Goldene Madonna zeigt, dass Meister Arnt neben dem Dramatischen und Realistischen des Lebens Christi und der Heiligenmartyrien auch ein zartes Thema, wie das der Gottesmutter mit dem Kind, mit großer Intimität zu behandeln verstand.

56 Josefsaltar

Rechts neben der Tür zum Hochchor befindet sich der Mittelteil des 1934 von Josef Langenberg, dem Sohn des 1931 verstorbenen Ferdinand Langenberg, geschaffenen Josefsaltars. Die Seitenteile sind verloren gegangen.

Der Altar, der von einigen Bürgern gestiftet wurde, war zunächst im westlichen Bereich des südlichen Seitenschiffes aufgestellt. Die Mitteltafel zeigt Jesus und Maria am Sterbebett des hl. Josef. Auf den Flügeln war die Flucht nach Ägypten und die hl. Familie in der Schreinerwerkstatt des hl. Joseph dargestellt.

Josef Langenberg hatte 1926 die Werkstatt seines Vaters übernommen, die er bis zur Schließung 1936 weiterführte. Ikonografisch geht der Altar auf Vorlagen seines Vaters zurück. Die ungewöhnliche Form des Altargehäuses zeigt, dass Josef Langenberg versuchte, die Werkstatt durch ein eigenständiges Formenvokabular zu modernisieren.

Nördliche Turmkapelle

57 Christus auf dem Kalten Stein

Zu den eindrucksvollsten Bildwerken in St. Nicolai zählt das lebensgroße Bildwerk des Christus als Schmerzensmann, das aus der 1804 säkularisierten Dominikanerkirche stammt. Es zeigt uns den erschöpften Christus mit der Dornenkrone, der nach der Entkleidung auf seine Kreuzigung wartet – ein Thema, das im späten Mittelalter als Andachtsbild eine große Popularität erlangt hat. Vor allem in Brabant und in Burgund sind Skulpturen dieses Themas sehr verbreitet. Meistens ist Christus aber mit gebundenen Händen dargestellt. Bei der Kalkarer Skulptur lehnt er sich mit seinem Körper erschöpft gegen den Felsen und stützt mit der Rechten das verkrampfte Haupt. Die linke Hand, mit den aus Schmerz gekrümmten Fingern, drückt auf ungewöhnlich expressionistische Weise die Todesangst Christi aus. Das Gesicht unter der schweren Dornenkrone mit den schräg stehenden, halb geschlossenen Augen und dem vor Pein verzogenen Mund und die in einer Gebärde äußerster Verzweiflung verkrampfte linke Hand geben dem Bildwerk eine einzigartige dramatische Kraft.

Bei der Restaurierung um 1900 wurde nicht nur die dicke Bemalung entfernt, sondern auch der linke Arm mit der als unschön empfundenen Hand, die dem Zeitgeschmack des späten 19. Jahrhunderts nicht entsprach. Sowohl Vikar Wolff (1880) als auch der Denkmalpfleger Prof. Paul Clemen (1892) hatten die Drastik der Darstellung kritisiert und abgelehnt. Der Restaurator und Bildhauer Ferdinand Langenberg aus Goch schnitzte einen neuen Arm mit einer lieblich herabhängenden Hand, die einen neuen Binsenstab halten sollte. Wie alle anderen von Langenberg restaurierten Altäre und Bildwerke hat er die Skulptur mit einer dunklen, fast schwarzen Beize überzogen, die allerdings die Spuren der allzu rigorosen Entfernung der alten Bemalung durch Ablaugen nicht zu kaschieren vermochte. Die Rückkehr der in Privatbesitz gelangten Hand in Kirchenbesitz, 1997, war Anlass für eine Restaurierung und Wiederherstellung des Bildwerks (1998–2000).

Die Skulptur ist mit dem ehemaligen Triumphkreuz der Kalvarienberggruppe aus der Kalkarer Dominikanerkirche, das heute in Neerbosch bei Nimwegen (Niederlande) aufbewahrt wird, nächst verwandt. Der unbekannte Bildhauer wurde nach seinem Hauptwerk »Meister des Kalkarer Annenaltars« benannt (▶ Abb. S. 33).

Sakramentskapelle mit (von links) Heilig-Geist-Ikone, Amsterdamer Monstranz im Gehäuse von Ulrich Henn und »Goldener Madonna« von Meister Arnt

149

Ferdinand Langenberg, Kreuzweg, 10. Station:
Die Entkleidung Christi

58 KREUZWEG

In der nördlichen Turmkapelle hängen die 1897/99 von dem großen Neugotiker und Restaurator der Kalkarer Altäre, Ferdinand Langenberg, geschaffenen Kreuzwegstationen. Ende des 19. Jahrhunderts gehörte die Nachbildung des Kreuzweges Christi in vierzehn Stationen, von der Handwaschung bis zur Grablegung, zum festen Bestand einer jeden Kirche. Auch die Kalkarer Kirchengemeinde wünschte sich einen solchen anschaulichen Kreuzweg, der dem veränderten religiösen Empfinden entsprach, obwohl alle Themen in den mittelalterlichen Altären, vor allem im Hochaltar, dargestellt waren. Langenberg beweist in den Stationen, dass er den Stil der Kalkarer Spätgotik stark verinnerlicht hat. Das Raumempfinden der jeweiligen Gehäuse erinnert an das der Predella des Hochaltars. Gleichzeitig bilden diese einen eigenständigen Rahmen für die neugotisch empfundenen Szenen aus der Passion. Diese sind durch neugotisches Maßwerk getrennt und nebeneinander in einem großen Kasten eingefügt. In den Szenen ist der Vorbildcharakter des Hochaltars und des Marienaltars

nachvollziehbar. Langenberg entlehnte die Komposition der 14. Station, der Grablegung, dem Hochaltar. Zahlreiche Architekturteile entnahm er dem Marienaltar. Dem Zeitgeschmack entsprechend überzog Langenberg den Kreuzweg mit einem sehr dunklen, fast schwarzen Lack.

Turmhalle

59 GRABPLATTEN

Nach dem Abbruch des Lettners wurde 1820 der Fußboden mit den Grabplatten aufgenommen und erneuert. 29 Platten fanden in der Turmhalle und in der südlichen Turmkapelle an den Wänden entlang eine neue Aufstellung. Die Grabplatten wirken wie losgelöste Seiten aus dem Geschichtsbuch der Kirche. Hier kehren viele Namen von Bürgern, die sich in der Kirche durch Stiftungen zu verewigen suchten, wieder. Einige Platten sind durch häufiges Betreten unleserlich geworden, andere wurden beim Turmbrand 1918 beschädigt. An der Nord- und Südwand sind u.a. die Grabplatten von Wolter van Riswick, Schlüter zu Kalkar, von Aleyt van Riswick, Schlüterin zu Kalkar und von Herman van Ossenbroeck eingelassen.

Die Turmhalle hat im Gewölbe eine Luke für das Hochziehen der Glocken und dient heute als Besuchereingang mit Schriftenstand.

60 BÄNKE

Neben dem Turmeingang ist symmetrisch ein barockes Bänkepaar aufgestellt. Ähnliche Bänke findet man in den drei Schiffen. Von den alten Kirchenbänken sind zahlreiche ornamental geschmückte Wangenstücke aus dem frühen 18. Jahrhundert erhalten. Diese wurden im 19. und 20. Jahrhundert für neue Kirchenbänke wiederverwendet. Ganz vorne im Nord- und Südschiff befinden sich Bänke mit durchbrochenen Wangen mit Motiven in Kränzen, die wahrscheinlich aus der säkularisierten Dominikanerkirche stammen.

In der Kirche befinden sich auch mehrere Kirchenstühle, neugotische Arbeiten nach dem

Grabplatte des Herrn van Ossenbroeck

wölbe überspannt, das mit dem Gewölbe der nördlichen Turmkapelle korrespondiert.

Die südliche Turmkapelle wurde Ende der Siebzigerjahre als Andachtskapelle eingerichtet. Hierzu schuf Ulrich Henn sowohl für die nach ihrer Fassung benannte »Goldene Madonna« des Meisters Arnt als auch für die »Amsterdamer Monstranz« ein schmiedeeisernes Gehäuse. Die Monstranz ist seit der Wiedereröffnung 2000 im nördlichen Nebenchor aufgestellt (▶ Abb. S. 29 und 148).

61 STEINERNE PIETÀ

Die Pietà aus Sandstein vor der südlichen Turmkapelle wurde 1818 in Köln vom Kirchenvorstand von St. Nicolai als Ersatz für das Gnadenbild erworben, das sich ursprünglich in der Mittelnische des Sieben-Schmerzen-Altars befand und 1811 entfernt wurde. Die neue Skulptur befand sich von 1818 bis 1901/02 im Sieben-Schmerzen-Altar und war holzfarben angestrichen. Bei der damals durchgeführten großen Restaurierung ersetzte Ferdinand Langenberg die Steinskulptur durch eine neugotische, holzsichtige Skulptur desselben Themas. Die steinerne Pietà, die im Zweiten Weltkrieg beschädigt wurde, fristet seitdem ein stiefmütterliches Dasein im Kirchenraum. Das Haupt Christi ist inzwischen verloren gegangen. Eine genaue Einordnung des Bildwerks steht noch aus, aber eine Datierung um die Mitte des 18. Jahrhunderts ist wahrscheinlich.

Vorbild eines aus der Zeit um 1500 erhaltenen Stuhls, der nach der Überlieferung für den betagten Pastor Johannes Houdaen angefertigt wurde und heute im Hochchor steht.

Südliche Turmkapelle

Die 1488 vollendete Turmkapelle, die ursprünglich als Taufkapelle gedient hat, öffnet sich durch einen breiten Gurtbogen zu dem wesentlich höheren Seitenschiff hin. Sie ist durch ein Gitter abgetrennt und wird von einem Netzge-

62 GRABPLATTEN

Von den Blausteinplatten sind erwähnenswert die des Herrn Derrick van Ort (gest. 1551), des Kalkarer Schöffen Jakob Spaen (gest. 1633), des Kalkarer Bürgermeisters Peter Spaen (gest. 1687), des Pfarrers von St. Nicolai, Franz Mulraedt (gest. 1671), von Bürgermeister Peter Ghiesen (gest. 1484) und seiner Frau Aleyt (gest. 1460), zwei Grabplatten der Familie Brouwer gen. Bam, eine davon 1620 datiert und eine Grabplatte des Vikars Everhard van Riswick (gest. 1603, 82 Jahre alt).

63 KALVARIENBERGGRUPPE

Seit Anfang der Siebzigerjahre des vorigen Jahrhunderts ist über dem Horizontalgesims eine Kreuzigungsgruppe aufgestellt. Sie hatte bis dahin an der Außenseite des Chores als Friedhofskalvarienberg gedient und war später Teil eines Gefallenendenkmals. Als Schutz gegen die Witterung ist die Gruppe regelmäßig übermalt worden. Sie bedarf dringend einer Renovierung.

Der älteste Teil ist der Kruzifixus, ein Werk des Meisters Arnt, in der Physiognomie trotz gedrungener Proportionen sehr stark dem urkundlich gesicherten Christus im Grabe im Südchor von 1487 verwandt. Wahrscheinlich ist die Figur früher entstanden. Fraglich ist, ob sie Bestandteil des Kalvarienbergs gewesen sein kann, der 1469 über dem Kreuzaltar geweiht wurde. Damit wäre das Kreuz die älteste erhaltene Arbeit Arnts.

Der Kreuzbalken mit dem Kreuztitulus ist ebenfalls spätgotisch und war Bestandteil der Triumphkreuzgruppe in der Dominikanerkirche, die nach der Säkularisierung aufgelöst wurde. Auf diesem Kreuzbalken befand sich

Meister Arnt, Kruzifixus, 1470/80

ursprünglich das Triumphkreuz, das sich seit 1807 in Neerbosch bei Nimwegen befindet. Die beiden Assistenzfiguren von Maria und Johannes sind barock und bildeten ursprünglich mit dem Gekreuzigten der Triumphkreuzgruppe am Eingang des Nordchores (▶ S. 111–113) eine Kreuzigungsgruppe. Hierbei handelt es sich um die im Kirchenarchiv erwähnte, 1697 entstandene Gruppe, die dem aus Kalkar stammenden und 1695 in Kleve eingebürgerten Nikolaus Alberts zugeschrieben wird. Dieser schuf auch die 1696 datierte Barockkanzel für die Klever Minoritenkirche.

64 KIRCHENSCHATZ

Der Kirchenschatz ist bei weitem nicht so berühmt wie die Altäre, dennoch birgt er einige bedeutende Goldschmiedearbeiten. Vor 2007 war er nicht ausgestellt und somit für die Kirchenbesucher nicht zugänglich. Dies hat sich durch die Einrichtung einer Schatzkammer in der südlichen Turmkapelle 2007, entworfen von der Kölner Architektin Ingrid Bussenius, geändert. Die Schatzkammer wurde realisiert mit Unterstützung durch den Landschaftsverband Rheinand (LVR).

Über den spätmittelalterlichen Bestand an kirchlichem Gerät und Paramenten sind wir durch drei Inventare, von 1530, 1543 und 1566, sehr gut informiert. Über mehr als hundert Messgewänder verfügte die Kirche 1543, von denen viele von bekannten Kalkarer Familien gestiftet worden waren.

Die Kirchenschätze sind in Glasvitrinen auf Blausteinsockeln ausgestellt, sodass der Blick auf die an den Wänden aufgestellten Grabplatten frei bleibt. Die nachfolgende Beschreibung stellt die einzelnen Objekte der Reihe nach vor.

In den Vitrinen an der Südseite sind kostbare spätmittelalterliche Chormäntel ausgestellt. Auf den Aurifrisen sind Heilige und biblische Szenen dargestellt und auf der rückseitigen Chorkappe das Pfingstwunder. Es handelt sich um kostbare Gold- und Seidenstickereien. An der Westwand befinden sich drei Vitrinen mit einer spätgotischen Dalmatik, um 1530, und einer Kasel mit gestickten Borten, um 1525.

Blick in die Schatzkammer in der südlichen Turmkapelle

Das Pluviale von 1525 in der ersten Vitrine zeigt auf der Cappa auf der Rückseite eine Kreuzigungsdarstellung unter drei goldenen Baldachinen, während die sechs Darstellungen auf den Stäben vorne Szenen aus dem Marienleben darstellen. Links: Christi Geburt, Besuch der Könige und Mariä Himmelfahrt. Rechts: Marias Vermählung, die Verkündigung an Maria und der Besuch bei Elisabeth.

Pluviale und Dalmatik entstammen einer Garnitur, wie die noch aufzuklärenden Stifterwappen Bär/Wolfsangel sowie das Kürzel HvB und die siebenstufige Treppe mit BV GHW beweisen. Die rückwärtige Cappa beinhaltet eine lebendige Pfingstdarstellung unter gotischen Baldachinen. Maria und ein Jünger blättern in aufgeschlagenen Bibeln. Die Stäbe auf der Vorderseite zeigen Passionsszenen. Links: Gebet am Ölberg, Gefangennahme, Verhandlung bei Pilatus. Rechts: Geißelung, Dornenkrönung und Christus mit dem Kreuz.

Von großer Kostbarkeit ist die Kasel in der fünften Vitrine, die von Wolter van Riswick 1530 gestiftet und bereits 1543 in einem Inventar verzeichnet wurde (▶ Abb. S. 155, 156). Sie ähnelt den von seinem Bruder Sibert gestifteten und von Gommert Minten in Lier/Belgien angefertigten Xantener Paramenten. Auf der Cappa auf der Rückseite ist eine figurenreiche Kreuzigung vor der Stadt Jerusalem dargestellt. Links vom Gekreuzigten sitzt der Hauptmann Longinus mit seinem typischen Spitzbart auf einem Pferd. Rechts stehen mehrere Soldaten. Unter dem Kreuz unterstützt der Jünger Johannes die in Ohnmacht gefallene Muttergottes, rechts die drei Marien, Maria Salome, Maria Kleophas und Maria Magdalena. Auf den Borten sind die Grablegung und die Auferstehung dargestellt. Auf den Vorderseiten erkennt man die Szenen der drei Frauen am Grabe, Christus erscheint als Gärtner am Ostermorgen Maria Magdalena und das Mahl zu Emmaus.

In der Raummitte ist eine große Vitrine, in der auf einer Seite die spätgotische Zylindermonstranz aus St. Nicolai steht (1854 neugotisch verändert), die in den Zwickeln des doppelstöckigen Turmaufbaus die Patrone Jakobus Major, Katharina, Johannes Ev., Christophorus und oben den Hauptpatron der Kirche, Nikolaus, zeigt. In der Mitte ist eine 1678 datierte Monstranz des in Kalkar tätigen Goldschmieds Rabanus Raab I. (1654–ca. 1740) aufgestellt, die früher in der Kirche in Altkalkar benutzt wurde. Der Fuß ist mit stark in Relief gearbeiteten Engelsköpfen geschmückt. Unter der kreuzbekrönten Kuppel steht Maria in der Sonne. Den Glaszylinder für das Allerheiligste assistieren links Nikolaus und Antonius sowie rechts die Märtyrerinnen Agnes und Apollonia oder Agatha. Davor sind vier gotische Kelche und liturgisches Gerät aus späterer Zeit aufgereiht. Dabei weist der gotische Kelch mit dem Anto-

Kreuzreliquiar, Ausschnitt

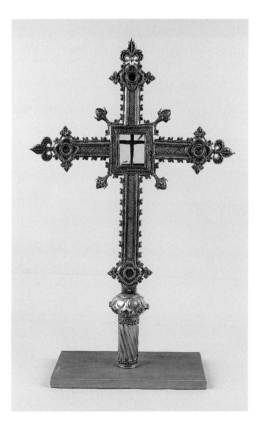

Kreuzreliquiar, Anfang des 15. Jahrhunderts

nius-Emblem vielleicht auf die Hanselaerer Kirche. Ein Kelch zeigt auf dem Fuß in einem Emaille-Bild, das jenem auf dem Kreuzreliquiar stilistisch verwandt ist und ebenfalls im frühen 15. Jahrhundert entstanden sein dürfte, Maria und Johannes sitzend unter dem Kreuz – ein seltenes ikonografisches Motiv. Dies kann dem engen Raum auf dem Kelchfuß geschuldet sein.

Auf der Bodenplatte sind Messingleuchter aus dem späten Mittelalter bis zum 19. Jahrhundert präsentiert. Ein Weihrauchfass mit gotischen Türmchen und Fenstern geht in die Zeit vor 1400 zurück und war somit schon in der Vorgängerkirche in Gebrauch. Das silberne Ziborium von 1726 lieferte Rabanus Raab noch aus Kalkar. Einige Jahr später verlegte sein Sohn Rabanus Raab II. (1721–1786) die florierende Werkstatt nach Boxmeer.

Von den noch im Schatzverzeichnis der Liebfrauenbruderschaft festgehaltenen Kleinodien und weltlichen Schmuckstücken soll darum das silberne Zepter in der Vitrine ein Beispiel für diesen zweiten Goldschmied aus der ehemals Kalkarer Goldschmiede geben. Ein Vikar war für die Verwaltung dieser Besitztümer ein-

Kasel gestiftet von Wolter van Riswick, um 1530

gesetzt. Ob das Zepter zu einer Marienfigur oder zur Ausrüstung des Schützenkönigs gehörte, ist nicht bekannt.

Die Versehlaternen aus dem 18. und 19. Jahrhundert waren Begleiter auf den Krankenbesuchen und bei der Spendung der Sakramente an Sterbende.

Die Reihe der Kerzenleuchter aus Messing bildet nur eine sehr kleine Auswahl der bei Vikar Wolff noch mit langen Listen verzeichneten Besitztümer solchen Kirchengeräts und soll einen Querschnitt aus 500 Jahren vorstellen. Die Leuchter stammen zum größtem Teil aus dem späten Mittelalter, wie die Verarbeitung zeigt.

Vor dem Gitter zum Südschiff ist eine Vitrine für das aus Silber gearbeitete, vergoldete, getriebene und ziselierte Kreuzreliquiar aufgestellt. Es ist das bedeutendste Stück des Kirchenschatzes und entstand in Köln oder in den Niederlanden im frühen 15. Jahrhundert. Es kann sowohl von der Kapelle als auch durch das Gitter vom Südschiff aus betrachtet werden.

Kaselstab, 1530: Emmaus-Szene mit Wirtsleuten

Stein, der ursprünglich den Kreuztitulus des steinernen Friedhofskreuzes gebildet hat. Die schwer lesbare, verschnörkelte Inschrift ist halb lateinisch, halb niederländisch: »Jhesus Naserenus den Konick der Jod«.

Insgesamt betrachteten frühere Zeiten diese Geräte nicht als »Kirchenschatz«, sondern als ausdrucksvolle Bestandteile der Gottesverehrung, bei der man mit dem besten Können der Goldschmiede und Textilweber das Schönste für den Höchsten fertigte. Noch heute erzählen diese Gegenstände von der Stifterfreude (und somit der Seelenheilvorsorge), der ausgeprägten Handwerkskunst sowie den wirtschaftlichen Verflechtungen und den Verbindungen der theologischen Schulen und Ordenshäuser in Kalkar in den Kölner und weit in den niederländischen Raum (Amsterdam, Utrecht) bis in die flandrischen Zentren Brügge und Antwerpen.

Das Kreuzreliquiar ist ein sogenanntes »redendes Reliquiar«, weil die Form mit der Art der Reliquie übereinstimmt. In seiner Mitte befindet sich ein hochrechteckiger Behälter aus geschliffenem Kristallglas, der die Kreuzreliquie aufnimmt. Die Ecken des gerahmten Behälters sind mit Granatäpfeln, Symbole für Liebe und Unsterblichkeit, geschmückt. Granatäpfel zierten ursprünglich auch die Enden der Kreuzbalken, aber diese wurden im 19. Jahrhundert durch Lilien ersetzt. Die auf der anderen Seite den Emails mit den Symbolen der vier Evangelisten in den Medaillons in den Kreuzenden gegenüberliegenden Vignetten sind leider Ende der Sechzigerjahre des vorigen Jahrhunderts erneuert worden.

Verschiedene steinerne Zeugen der Ausstattung der Nicolaikirche werden in der Schatzkammer aufbewahrt. Seit der Dominikanerausstellung 2013 gehört hierzu auch ein um 2010 bei Aufräumarbeiten auf dem Gelände des ehemaligen Dominikanerklosters gefundener

Blick in die Schatzkammer

Architekten, Maler und Bildhauer der St. Nicolaikirche in Kurzbiografien

ARCHITEKTEN

Meister Johann Herzöglich-klevischer Baumeister. Erhielt am 23. April 1421 vom Bürgermeister der Stadt Kalkar als Oberprovisor der Bruderschaft U. L. Frau den Auftrag für die Einwölbung des Hochchores, den er 1423 abschloss. *Lit.: N. Nussbaum, in: Hilger 1990.*

Johan van Wyrenbergh Möglicherweise identisch mit Meister Johann. Herzöglicher Baumeister, der 1440–1453 den Schwanenturm der Klever Burg errichtete und 1438 bis 1446 die Leitung des Baus des Kalkarer Rathauses hatte. 1446 wird er in den Kalkarer Kirchenakten erwähnt, was dazu führte, dass ihm die Ausführung des seit 1443 errichteten Langschiffes der Hallenkirche zugeschrieben wird. *Lit.: N. Nussbaum, in: Hilger 1990.*

Johann van Huerden Baumeister aus Kalkar. Tätig für die Stadt Kalkar. Errichtete 1485–1487 die nördliche Turmkapelle und begann 1487 mit dem Bau der südlichen Turmkapelle von St. Nicolai. 1489 legte er die Fundamente der südlichen Turmkapelle an.

Willem Backerweerd Baumeister aus Zwolle, wo er bis 1479 arbeitete, danach wohl in Utrecht tätig. Baute 1468–1470 das Sakramentshaus der Grote Kerk in Zwolle. 1488 erhielt er den Auftrag für den Bau der südlichen Turmkapelle in Kalkar. 1488/89–1491 Baumeister von St. Viktor in Xanten. Das Kalkarer Sakramentshaus wurde ihm wohl zu Unrecht zugeschrieben. *Lit.: N. Nussbaum, in: Hilger 1990.*

Johann von Münster Möglicherweise aus Westfalen stammend. Errichtete 1489–1492 die Wandpartien des südlichen Nebenchores von St. Nicolai.

Johann van Langenberg Baumeister der Kölner Dombauhütte, ebenfalls Leiter der Xantener Dombauhütte. Erhöhte 1495–1501 den Westturm von St. Nicolai um ein Geschoss mit einer Maßwerkgalerie und errichtete den Spitzhelm. Er erhöhte die Turmhalle, überwölbte diese und baute das große Westfenster ein. *Lit.: N. Nussbaum, in: Hilger 1990.*

Heinrich Wiethase (Köln 1833–1893 Köln) Bedeutender neugotischer Baumeister aus Köln. Schinkelpreisträger von 1861, Schüler von G. G. Ungewitter und Vincenz Statz. Mitarbeiter von Friedrich von Schmidt, dessen Atelier er 1858 übernahm. Reichte am 20.10.1867 den Entwurf für eine neue Orgel für St. Nicolai ein, am 1.8.1868 erhielt er den Auftrag. In seinem Nachlass (Köln, Historisches Archiv) befinden sich drei weitere Entwürfe (Beichtstuhl, Kanzel, Wandmalerei), die nicht ausgeführt wurden. *Lit.: H. Brülls, in: Hilger 1990, S. 333–350.*

MALER

Derik und Jan Baegert (Vater und Sohn, Wesel um 1440–nach 1502 Wesel, resp. Wesel um 1465–um 1535 Wesel) Leiteten die bedeutendste niederrheinisch-westfälische Malerwerkstatt des späten Mittelalters. Derik führte wichtige Aufträge aus, so den Dortmunder Altar (um 1470/75) und die Eidesleistung Wesel (1492). 1484–1492 Annenaltar für St. Nicolai. 1492 Verhandlungen, zusammen mit seinem Sohn Jan mit der Kalkarer Liebfrauenbruderschaft wegen des Hochaltars (Flügel?). Zwischen 1490 und 1500 schufen Derik und Jan Baegert wohl gemeinsam die Predella des Sebastianusaltars. Nach 1500 setzte Jan Baegert die Werkstatt mit Erfolg fort (u. a. Flügel des Antoniusaltars, Xanten).

Anton Bardenhewer Architekt, Maler, Restaurator und Fotograf. In Köln 1894–1926/27 nachweisbar. Entwarf Teile des Kölner Ratssilbers, beteiligte sich an der Neuausstattung der Prophetenkammer des Kölner Rathauses. Seine Restaurierungen von Malereien, u. a. in St. Cäcilien, Köln und St. Cyriakus in Niedermendig, sind heute sehr umstritten. Bei der umfassenden Restaurierung 1900–1907 war Bardenhewer verantwortlich für die Wiederherstellung der mittelalterlichen Malerei. Er beseitigte den Ölanstrich von Johann Stephan von den Rundsäulen und den Wandpartien und legte die ursprüngliche Bemalung der Gewölbe und das Jüngste Gericht frei. Anschließend fasste er die Rippen und Dienste aufgrund des alten Befundes neu. Während er die Gewölbemalereien teilweise in ihrem originalen Zustand belassen hat, übermalte und ergänzte er das Jüngste Gericht stark. Diese Ergänzungen sind bei mehreren Restaurierungen nach dem Zweiten Weltkrieg teilweise entfernt worden. *Lit.: A. Bardenhewer: »Wiederherstellung der Ausmalung«, Bericht über die Tätigkeit der Provinzialkommission für Denkmalpflege und der Altertums- und Geschichtsvereine innerhalb der Rheinprovinz vom 1.4.1907 bis 31.3.1908, Bonn 1909, S. 77–80; Hilger 1990, S.209; N.Nussbaum, in: Hilger 1990, S.254, 264.*

Peter Anton Büsen Restaurator. Besuchte 1846 die St. Nicolaikirche in Begleitung des Direktors der Berliner Museen J. F. M. von Olfers und des Direktors der Düsseldorfer Kunstakademie Wilhelm von Schadow, um festzulegen, welche Gemälde so bedeutend seien, dass diese auf Staatskosten restauriert werden sollten. Die Flügel des Hochaltars von Jan Joest und die Kreuzigungstafel aus dem Kalkarer Augustinerinnenkloster wurden ausgewählt. Büsen führte diese Arbeiten 1848 bis 1850 aus.

Franz Groen (Kleve 1798 – nach 1855) Restaurator, Architekt, Lithograph und Zeichenlehrer aus Kleve. Schuf die frühesten Aufnahmen spätgotischer Architektur am Niederrhein u. a. vom Kalkarer Sakramentshaus, die als Umrisslithographien in »Westphalens Denkmäler

deutscher Baukunst«, Münster o. J. (ca. 1825–1830), erschienen. 1846 wurde ihm auf Anweisung der Düsseldorfer Regierung die ihm vom Kirchenvorstand von St. Nicolai übertragene Restaurierung des Antoniusaltars mit dem Marientod, der sich bereits in Kleve befand, entzogen.

Hendrik 's Groten (Kalkar 3. Viertel 17. Jahrhundert) Enkel des bedeutenden, in Sonsbeck und Kalkar wirkenden Geografen Christiaan 's Groten. Einziger Maler in Kalkar in seiner Zeit. Er bemalte die Flügel mehrerer mittelalterlicher Altäre, u. a. die des Sieben-Schmerzen-Altars, des Jakobusaltars, des Crispinus- und Crispinianusaltars, des Dreifaltigkeits- und Johannesaltars.

Karl-Martin Hartmann (Wiesbaden 1948, lebt und arbeitet ebdt.) Studium der Mikrobiologie an der Universität Mainz sowie der Malerei und Grafik an der Städelschule bei Johannes Schreiter und Christian Kruck. Seit 1985 freischaffend. Verglasungen u. a. für die St. Martinus in Greven/Westfalen (1989), den Mariendom in Linz/Österreich (1992–1994), Pfarrkirche Heilig Geist in Düsseldorf (1997–1998).

Dirk Jacobsz. (Amsterdam? 1496–1567 Amsterdam) Schuf, um die Mitte des 16. Jahrhunderts, eine Reihe von Gruppenbildern der Amsterdamer Schützen. 1531 malte er das Bildnis von Pompeius Occo.

Jan Joest von Kalkar (Haarlem 1455/60 bis 1519 Haarlem) Die neueste Forschung lokalisiert den Künstler nach Haarlem und Brüssel. Die verwandtschaftlichen Beziehungen zu Derik Baegert und Barthel Bruyn, die bisher – ebenso wie die Stadt Wesel als sein Geburtsort – angenommen wurden, sind auszuschließen. Auch die Zuschreibung des Hochaltars der Kirche von Essen-Werden, dessen Bild 1512 von einem »Johannes Jodocus Wesalienses« gemalt wurde, an Jan Joest ist unsicher. Die einzigen gesicherten Werke sind der Sieben-Schmerzen-Altar in der Kathedrale von Palencia, der 1505 von Bischof Juan de Fonseca in

Auftrag gegeben wurde, und der Hochaltar von St. Nicolai, 1505/06–1508/09. *Lit.: Wolff-Thomsen 1997; Schollmeyer 2004; Becks/Roelen 2011.*

Stanislas de Pereira Restaurator aus Amsterdam, wohnte in Neuwied. Erhielt 1847 den Auftrag, die nicht auf Staatskosten von P. A. Büsen restaurierten Gemälde instand zu setzen. Er reinigte nicht nur die Gemälde, sondern auch die Figuren in den Altären (mit Ausnahme des Georgsaltars).

Richard Perret (Moers 1913–1989 Moers). Restaurator in Moers. Führte nach dem Zweiten Weltkrieg zahlreiche Restaurierungen am Niederrhein aus. Sicherte und frischte 1953 das Jüngste Gericht auf.

Pieter Pietersz (Antwerpen ca. 1543–1603 Amsterdam) Der älteste Sohn des Amsterdamer Malers Pieter Aertsen erhielt im letzten Drittel des 16. Jahrhunderts viele wichtige Aufträge. Im Museum Mayer-van den Bergh in Antwerpen befindet sich von der Kreuzigungsszene des Epitaphs Brouwer gen. Bam eine Variante.

Eduard von Steinle (Wien 1810–1886 Frankfurt a. M.) Studium an der Wiener Akademie. 1828–1833 in Rom. 1839 Umsiedlung nach Frankfurt, Anschluss an den Kreis der Nazarener, 1850 Professor an der Städelschule. Entwarf 1850 eine neugotische Verglasung für St. Nicolai, die von der Fa. J. B. Capronnier in Brüssel ausgeführt wurde. Zerstörung bei den Bombardements der Alliierten im Februar 1945. Am Niederrhein entwarf Steinle auch die Fenster für die von Vincenz Statz entworfene Kapelle von Schloss Wissen.

Johann Stephan (Köln 1795–1855 Köln) Dekorateur und Vergolder. Bemalte und vergoldete die von seinem Bruder, dem Bildhauer Christoph Stephan geschaffenen Skulpturen des von E. F. Zwirner entworfenen Hochaltars der Klever Stiftskirche (1847). Danach wurde er mit der Fassung des bis dahin holzsichtigen Marienaltars und der Ausmalung der Kirche mit einem Ölanstrich beauftragt. Er malte 1850 ebenfalls St. Nicolai mit einem Ölanstrich neu aus. Entfernte 1850 den klassizistischen, weißen Anstrich des Marienleuchters und fasste diesen neu.

Meister des Kalkarer Marientodes (tätig in Wesel um 1460) Möglicherweise vor Derik Baegert in Wesel tätig. Seine wenigen Bilder zeichnen sich durch einen nüchtern-trockenen Stil aus.

Meister des Münsterer Nikolaustodes (tätig in Wesel um 1450–1460) Wahrscheinlich vor Derik Baegert in Wesel tätig. Das namensgebende Hauptwerk, ein Tryptichon mit dem Tod des hl. Nikolaus im Westfälischen Landesmuseum in Münster, zeichnet sich durch einen nüchternen Realismus aus.

BILDHAUER

Nikolaus Alberts (gebürtig aus Kalkar, seit 1695 Bürger von Kleve) Vermutlich in den südlichen Niederlanden ausgebildet. Schuf 1698 die Kanzel in der Minoritenkirche in Kleve, vermutlich auch die in Till, Kellen und Wissel. Die barocke Kreuzigungsgruppe in St. Nicolai von 1697, heute verteilt über die Triumphkreuzgruppe im Nordschiff und die Kalvarienberggruppe in der südlichen Turmkapelle (Maria und Johannes), wird ihm zugeschrieben.

Meister Arnt von Kalkar und Zwolle (tätig in Kalkar 1460–1484, in Zwolle 1484–1492) Arnts Stil konnte durch den urkundlich gesicherten Christus im Grabe in Kalkar (1487), zwei Engel mit den Arma Christi in Xanten (1477) und die Identifizierung der Fußwaschungsszene in der Predella des Hochaltars (1490–1492) als sein Werk umrissen werden. Demnach hat Meister Arnt die bedeutendste spätgotische Bildhauerwerkstatt am Niederrhein und in den benachbarten Niederlanden geleitet. Sowohl von Kalkar als auch von Zwolle aus belieferte er ein großes Gebiet in Overijssel, im Herzogtum Geldern, im Herzogtum Kleve und an der Maas. Die früher dem Meister von Varsseveld zugeschriebenen Werke sind auch seiner Werkstatt zuzuordnen. Die Hauptwerke sind das Chorgestühl in Kleve, der Georgsaltar und der Hochaltar in Kalkar sowie ein Altarfragment mit der Anbetung der Könige im Museum Schnütgen in Köln. *Lit.: Meurer 1970; De Werd 1994.*

Henrik Bernts (Wesel um 1450–1509 Wesel). Ab 1472 in Wesel nachweisbar. Lehre bei seinem gleichnamigen Vater. 1501/1502 schuf er das nicht erhaltene Chorgestühl der Matenakirche in Wesel. 14. Mai 1505 Auftrag der Bruderschaft U. L. Frau für ein neues Chorgestühl für St. Nicolai, das 1508 aufgestellt wurde. 1508 beauftragt mit dem Marienleuchter ebdt., den er 1509 bei seinem Tode unvollendet zurück ließ.

Henrik Douverman (nachweisbar in Kleve 1510–1515, 1517 Neubürger in Kalkar bis 1543/44 Kalkar) Douverman galt lange Zeit als die Personifizierung der sogenannten »Calcarer Schule«. Er schuf 1510–1512 einen Marienaltar für die Stiftskirche in Kleve, dessen Vollendung ihm untersagt wurde. 1518 erhielt er den Auftrag für den Kalkarer Sieben-Schmerzen-Altar, 1528 reparierte er den Marienleuchter. Kurz nach der Vollendung des Sieben-Schmerzen-Altars entwarf er den Marienaltar im Xantener Dom, führte allerdings nur die Predella eigenhändig aus. Es ist unklar, warum Douverman in der Dreißigerjahren bis zu seinem Tode keine bedeutenden Aufträge mehr erhielt. *Lit.: Kat. Gegen den Strom 1996, passim; Rommé 1997.*

Jan van Halderen (aus Rees, erstmals 1480 in Kalkar erwähnt – nach 1498) Mitarbeiter von Meister Arnt in Zwolle. Nimmt 1491 Zahlungen für den Hochaltar entgegen. Liefert 1498 zwei Probestücke für die Predella des Hochaltars, die den Stil von Meister Arnt ohne dessen Sensibilität fortsetzen.

Erwin Heerich (Kassel 1922–2004 Osterath) Schüler von Ewald Mataré an der Düsseldorfer Kunstakademie, zeitgleich mit Joseph Beuys. Schafft räumlich-stereometrische Skulpturen und Raumkörper nach geometrischen Konstruktionszeichnungen.

Henrik van Holt (Bürgerrecht in Kalkar 1506–1545/46 Kalkar) Führte 1514–1517 eine Reihe von Schlusssteinen für den Xantener Dom aus, 1533–1544 die Büsten für den Xantener Hochaltar, 1538 die Verkündigungsgruppe in der Predella des Xantener Matthiasaltars. Van Holt führte die Arbeit am von Douverman entworfenen und begonnenen Xantener Marienaltar fort. Van Holt lieferte zahlreiche Bildwerke in die Kirchen in der Umgebung Kalkars, aber in St. Nicolai stammt nur das Altarkreuz in der Sakristei von seiner Hand. Van Holts Werk entstand im Schatten von Henrik Douverman. Erst als dieser Anfang der Dreißigerjahre keine bedeutenden Aufträge mehr ausführte, konnte er sich voll entfalten. *Lit.: De Werd, in: Hilger 1990, S. 299–332. Kat. Gegen den Strom 1996, passim.*

Dries Holthuys (archivalisch 1496 als Bildhauer in Kleve erwähnt) Ausgehend von einer steinernen Muttergottes im Xantener Dom, die der Künstler 1496 von Kleve aus lieferte, sind dem Bildhauer von der Forschung unterschiedliche Werkgruppen zugeschrieben worden. In den letzten Jahrzehnten wurde ihm als Frühwerk die Gruppe der früher dem Meister der Emmericher Leuchterkrone zugeschriebenen Skulpturen zugewiesen. Zeitlich ist sein Werk zwischen 1490 und 1510 entstanden. *Lit.: R. Karrenbrock. Der Klever Bildhauer Dries Holthuys, in: Rommé 1999, S. 111–133; G. de Werd (Red.), Dries Holthuys. Ein Meister des Mittelalters aus Kleve, Ausstellungskatalog Museum Kurhaus Kleve 2002, mit Beiträgen von G. de Werd, R. Karrenbrock, G. Lemmens und B. Thissen.*

Derik Jeger Schreiner (»Kistemeker«) in Kalkar. Liefert 1498 zusammen mit seinem Sohn die Hohlkehle für den Hochaltar.

Ludwig Jupan von Marburg (Marburg um 1460–1538 Marburg) 1498 von Goldschmied Peter Rijserman nach Kalkar geholt. Von 1498 bis 1508 war er als Meister Loedewich hier tätig, wo er 1498–1500 den von Meister Arnt begonnenen Hochaltar vollendete. Wenige Jahre später schuf er den Marienaltar. Aus seiner Werkstatt stammen eine Predella unter dem Georgsaltar und einige Einzelbildwerke in Kalkar und Umgebung. Nach 1508 ist Ludwig Jupan wieder in Marburg tätig, wo er eine führende Werkstatt leitete. *Lit.: Gorissen 1969.*

Gebr. Konrad Joseph und Friedrich Kramer (Köln 1835–1917 Kempen, resp. Köln 1837–1902 Kempen) Bildhauer, Polychromeure und Schreiner. Restaurierten seit 1856 Altäre und Orgelgehäuse in Kempen. Gründeten hier eine bedeutende Werkstatt und trugen eine Sammlung mittelalterlicher Skulpturen, Möbel und Gemälde zusammen, die 1912 den Grundstock für das dortige Kramer-Museum bildeten, insofern sie nicht 1907 an die Stadt Mönchengladbach verkauft worden waren. Schufen zahlreiche neugotische Kircheneinrichtungen am Niederrhein. Das Hauptwerk war der Hochaltar der Abteikirche in Mönchengladbach (1865, im Zweiten Weltkrieg verbrannt). Nach Entwürfen von Heinrich Wiethase, für den sie bereits 1863 einen Altar für Süchteln ausgeführt hatten, schufen sie 1867 die neue Kalkarer Orgel. Ein Jahr später kopierten sie, als sie C. F. Brandt bei der Herstellung seines Kalkarer Fotoalbums behilflich waren, zwei Figuren aus dem Gesprenge des Sieben-Schmerzen-Altars, die sich heute im Kramer-Museum befinden und lange für Originale gehalten wurden.

Ferdinand Langenberg (Goch 1849–1931 Goch) Nach Lehre und Gesellenzeit in Boxmeer und bei F.W. Mengelberg in Aachen Studium an der Münchner Kunstakademie bei Josef Knabl. 1877 begründet er mit seinem Bruder Alois eine Steinbildhauerwerkstatt. 1882 Bekanntschaft mit dem Kevelarer Kirchenmaler Friedrich Stummel. 1886 orientiert sich die Werkstatt auf Altarbauten und soll neugotische Kircheneinrichtungen über den gesamten Niederrhein, Westfalen und in den benachbarten Niederlanden ausführen. Theologische Inhalte liefert Kaplan Joseph Windhausen aus Venlo. Seit 1892 beschäftigt sich Ferdinand Langenberg mit der Restaurierung spätmittelalterlicher Bildwerke und Altäre. Auf Fürsprache des Landeskonservators werden ihm zwischen 1892 und 1908 die

Instandsetzung und Restaurierung der mittelalterlichen Altäre übertragen. Seine Arbeit zeichnet sich einerseits durch großes Einfühlungsvermögen, andererseits durch radikale Eingriffe aus. Er verändert Annenaltar und Christus auf dem Kalten Stein, ergänzt den Marienaltar und Georgsaltar und überzieht den Marienaltar, Dreifaltigkeitsaltar, Johannesaltar, Annenaltar sowie eine Anzahl einzelner Bildwerke mit einer dunklen, vereinheitlichenden Beize. Er schafft eine Reihe von neugotischen Arbeiten, so die Kommunionbank, den Kreuzweg, einen kleinen Altarschrein für die Goldene Madonna, das Gehäuse für den Baldachin des hl. Nikolaus, die Umfassung des Christus im Grabe, die sämtlich von seinen großen Kenntnissen der mittelalterlichen Skulptur Zeugnis ablegen. Ferdinand Langenberg trug, wie die Gebrüder Kramer, eine bedeutende Sammlung mittelalterlicher Skulpturen zusammen (heute Museum Goch, Museum Kurhaus Kleve und in Privatbesitz). *Lit.: Mann 1999.*

Josef Langenberg (Goch 1888–1972 Goch) Kunstgewerbeschule München. Übernimmt 1925 die Leitung der Werkstatt von seinem Vater. Nach dem Tode von Kaplan Windhausen 1936 löst er die Werkstatt auf. Für St. Nicolai schuf er 1934 den Josefsaltar.

Kerstken van Ringenberg (seit 1508 Bürgerrecht in Kalkar, vor 1532 gestorben) Vermutlich Mitarbeiter des Henrik Bernts. Nach dem Tode von Henrik Bernts setzt er dessen Arbeit am Marienleuchter fort. Die Prophetenbüsten in der Wurzel Jesse werden ihm zugeschrieben, ebenso wie die Figuren von Crispinus und Crispinianus und des hl. Severus in St. Nicolai. 1516 arbeitete er zusammen mit Wilhelm von Wesel ein Sakramentshaus für Venray. Hieraus kann geschlossen werden, dass er auch als Steinbildhauer tätig war.

Alfred Sabisch (Deuben 1905–1986 Kalkar) Seit 1945 in Kalkar sesshaft im »Taubenhaus«, wo vor ihm bereits Heinrich Nauen und Hermann Teuber gelebt hatten. Schuf zahlreiche Bildwerke am Niederrhein, unter anderem den

Henrik Bernts, Chorgestühl: Mann mit Brille und Rosenkranz **(66)**

Brunnen mit Schwan in Kleve. 1965 schuf er den Zelebrationsaltar für St. Nicolai (seit 1998 Louisendorf).

Arnt van Tricht (tätig in Kalkar seit ca. 1535 bis 1570 Kalkar) Stammt möglicherweise aus Utrecht. Vollzieht in seinem Werk den Übergang von der Spätgotik zur Frührenaissance. Nach 1545 spezialisiert er sich auf Steinbildwerke, vor allem Epitaphia und Bauplastik, für die er lange Zeit führend ist. 1555 schafft er für den Xantener Dom die Pfeilerfiguren der Hl. Drei Könige. Tritt in die Fußstapfen Henrik Douvermans. Vollendet Mitte der Vierzigererjahre den von diesem begonnenen Marienaltar in Xanten. In Kalkar stammen von ihm der Dreifaltigkeitsaltar, der Johannesaltar, die Evangelisten Lukas und Matthäus, Teile des Marienleuchters und das Steinrelief mit der Handwaschung in der Sakristei. Im Museum Kurhaus Kleve befinden sich zwei Handtuchhalter (Frau mit Narr und Hl. Familie). *Lit.: De Werd 1973; Kat. Gegen den Strom 1996; Gormans 2010, S. 66–89.*

Meister der Emmericher Leuchterkrone
▶ Dries Holthuys

Meister des Kalkarer Annenaltars Unbekannter Bildhauer, wahrscheinlich Ende des 15. Jahrhunderts in Kalkar tätig. Er schuf mehrere bedeutende Werke für die dortige Dominikanerkirche, die Triumphkreuzgruppe, eine Statue von Christus auf dem Kalten Stein und den Annenaltar, die nach der Säkularisierung 1804 in St. Nicolai und nach Nimwegen-Neerbosch überführt wurden. Seine künstlerische Herkunft ist noch ungeklärt. Möglicherweise entstammt er der Tradition der Steinbildhauerei. *Lit.: De Werd 1971; Karrenbrock/Peez 2013, S. 122–170; G. de Werd (Zusammenstellung), Die Dominikaner in Kalkar. Begraben und vergessen?, Ausstellungskatalog Kalkar 2013, insbesondere die Beiträge von G. de Werd und R. Karrenbrock, Kat. Nr. 6–8.*

Übersicht der wichtigsten Literatur (chronologisch geordnet)

J. H. Schütte: Amusemens des Eaux de Cleves, Lemgo 1748, S. 90.

G. von Velsen: Die Stadt Cleve, ihre nächste und entferntere Umgegend, vormals und jetzt, Cleve/Leipzig 1846, S. 308–320.

J. B. Nordhoff: »Archivalische Nachrichten über Künstler und Kunstwerke der Nicolaikirche zu Calcar«, Organ für christliche Kunst 18 (1868), S. 238–240, 250–252.

J. A. Wolff: Die St. Nicolai-Pfarrkirche zu Calcar, ihre Kunstdenkmäler und Künstler archivalisch und archäologisch bearbeitet, Calcar 1880.

P. Clemen: Die Kunstdenkmäler des Kreises Kleve, Düsseldorf 1892 (Die Kunstdenkmäler der Rheinprovinz I, 4), S. 472–506.

J. A. Wolff: Geschichte der Stadt Calcar während ihrer Blüte mit Berücksichtigung der früheren und späteren Zeit, Frankfurt a. M. 1893.

P. Clemen: »Kalkar. Wiederherstellung der Altäre«, Berichte über die Tätigkeit der Provinzialkommission für die Denkmalpflege in der Rheinprovinz 7 (1902), S. 33–38.

F. Kühnen: Aus Calcars letzter Vergangenheit (1794–1875), Kalkar o. J.

J. Renard et al.: »8. Kalkar (Kreis Kleve). Wiederherstellung der katholischen St. Nikolaus-Pfarrkirche«, Bericht der Provinzialkommission für Denkmalpflege und der Altertums- und Geschichtsvereine innerhalb der Rheinprovinz vom 1. 4. 1907 bis 31. 3. 1908, Bonn 1909 (Beilage zu Bonner Jahrbücher 118), S. 67–80.

H. Neuber: Ludwig Juppe von Marburg, Marburg 1915.

H. Schrader: Kalkar. Seine Geschichte und Kunstschätze, Cleve 1918, 2. Auflage.

R. Klapheck: Kalkar am Niederrhein, Düsseldorf 1930.

M. J. Friedländer: »Jan Joest«, in: Die altniederländische Malerei 9, Berlin 1931.

F. Witte: Tausend Jahre deutscher Kunst am Rhein, Berlin/Leipzig 1932.

H. Schrader: Die Bürgermeisterfamilie Cornelis Jacobsz Bam, gen. Brouwer von Amsterdam in Kalkar 1578–1630, Kalkar 1935.

C. Louis: Henrik Douverman. Ein niederrheinischer Künstler des 16. Jahrhunderts in Calcar u. Xanten, Wattenscheid 1936.

R. Hetsch: Die Altarwerke des Henrik Douverman. Ein Beitrag zur Geschichte der niederrheinischen Plastik, Würzburg 1937.

H. M. Schwarz: Die kirchl. Baukunst der Spätgotik im klevischen Raum, Bonn 1938.

C. P. Baudisch: Jan Joest von Kalkar, Bonn 1940.

F. Gorissen: St. Nikolai zu Kalkar. Das Wachstum einer Bürgerkirche, Kleve 1950.

F. Gorissen: Kalkar, Kleve 1953 (Niederrheinischer Städteatlas I, 2).

A. Stange: Deutsche Malerei der Gotik 6. Norddeutschland in der Zeit von 1450 bis 1515, Berlin 1954.

F. J. Nüss: Der Passionsaltar des Meisters Loedewich in der St. Nikolaikirche zu Kalkar, Wiesbaden o. J. (um 1955).

H. J. Schmidt: Kalkar – Die St. Nikolaikirche und ihre Kunstschätze, Neuss 1958 (Rheinisches Bilderbuch 2).

F. Gorissen: »Das Werk des Ludwig Juppe in Kalkar«, Rheinische Heimatpflege I (1964), S. 13–37.

H. P. Hilger: Kreis Kleve 2: Kalkar, Düsseldorf 1964 (Die Denkmäler des Rheinlandes).

F. Gorissen: Der Meister von Varsseveld. Kerstken Woyers gen. van Ringenberg. Zwei niederrheinländische ›Beeldensnijder‹, Ausstellungskatalog Grubbenvorst/Nimwegen 1965.

F. Gorissen: »Ein Meister niederrheinischer Bildschnitzerei. Über einige Werke des Henrik Douwerman«, Niederrheinische Blätter. Beilage zur Rheinischen Post, Januar 1965.

F. J. Nüss: Henrik Douverman. Ein spätgotischer Bildschnitzer am Niederrhein, Duisburg 1966, 2. Auflage.

Th. Müller: Sculpture in the Netherlands, Germany, France and Spain 1400 to 1500, Harmondsworth 1966 (The Pelican History of Art).

J. de Coo: »Pieter Pietersz. Schilder van de memorietafel Bam-Wessels te Kalkar«, Jahrbuch der Rheinischen Denkmalpflege 27 (1967), S. 252–256.

H. P. Hilger u. E. Willemsen: Farbige Bildwerke des
  Mittelalters im Rheinland, Düsseldorf 1967
  (Die Kunstdenkmäler des Rheinlandes, Beiheft 11).

H. Meurer: »Der heilige Jakobus Major von Kalkar«,
  Jahrbuch der Rheinischen Denkmalpflege 27 (1967),
  S. 93–104.

A. Stange: Die deutschen Tafelbilder vor Dürer, Bd. 1:
  Köln, Niederrhein, Westfalen, Hamburg, Lübeck und
  Niedersachsen. Krit. Verzeichnis, München 1967.

E. Willemsen: »Die Wiederherstellung der Altarflügel
  des Jan Joest vom Hochaltar in St. Nikolai zu Kalkar«, Jahrbuch der Rheinischen Denkmalpflege 27
  (1967), S. 105–222.

F. Gorissen: Ludwig Jupan von Marburg, Düsseldorf
  1969 (Die Kunstdenkmäler des Rheinlandes,
  Beiheft 13).

H. Meurer: Das Klever Chorgestühl und Arnt Beeldes-
  nider, Düsseldorf 1970 (Die Kunstdenkmäler des
  Rheinlandes, Beiheft 15).

Herbst des Mittelalters. Spätgotik in Köln und am Niederrhein, Ausstellungskatalog Kunsthalle Köln 1970.

E. Willemsen: »Die Wiederherstellung des Marien-
  leuchters in der Pfarrkirche St. Nikolai zu Kalkar«,
  Jahrbuch der Rheinischen Denkmalpflege 28 (1971),
  S. 97–136.

G. de Werd: »Die Kreuzigungsgruppe der ehemaligen
  Dominikanerkirche zu Kalkar und das Œuvre des
  Meisters des Kalkarer Annenaltars«, Pantheon 29
  (1971), S. 459–473.

G. de Werd: »De Kalkarse beeldhouwer Arnt van
  Tricht«, Bulletin van het Rijksmuseum Amsterdam
  21 (1973), S. 63–90.

F. Gorissen: »Meister Matheus und die Flügel des
  Kalkarer Hochaltars. Ein Schlüsselproblem der
  niederrheinländischen Malerei«, Wallraf-Richartz-
  Jahrbuch 35 (1973), S. 149–206.

H. P. Hilger: Kalkar am Niederrhein, Neuss 1980, 8. Auflage (Rheinische Kunststätten 39).

H. P. Hilger: »Altäre und Ausstattungen rheinischer Kirchen«, in: Kunst des 19. Jahrhunderts im Rheinland
  4: Plastik, hrsg. von Eduard Trier u. Willy Weyres,
  Düsseldorf 1980, S. 113–176.

A. Puyn: Calcar. Du kleine Stadt am Niederrhein,
  Goch/Kalkar 1980.

H. Rotthauwe gen. Löns, Kostbarkeit Kalkar, Kalkar 1980.

G. de Werd: St. Nicolai Kalkar, München/Berlin 1981
  (2. Aufl. München/Berlin 1986; 3. Aufl. München/
  Berlin 1990).

H. P. Hilger: »Zur Frage der Wiederherstellung von Kir-
  chenräumen und ihrer Ausstattung«, Jahrbuch der
  Rheinischen Denkmalpflege 29 (1983), S. 47–82

H. P. Hilger: Kalkar am Niederrhein, Neuss 1985, 9. Aufl.
  (Rheinische Kunststätten 39).

C. F. Brandt: Die St. Nicolai-Pfarrkirche zu Calcar 1868
  in Photographien, hrsg. von Gerhard Kaldewei u.
  Rolf Sachsse, Ausstellungskatalog Städtisches Museum Kalkar 1989.

H. P. Hilger: Stadtpfarrkirche St. Nicolai in Kalkar. Mit
  Beiträgen von H. Brülls, N. Nussbaum, G. de Werd,
  Kleve 1990.

C. Schulze-Senger: »Die spätgotische Altarausstattung
  der St. Nicolaikirche in Kalkar. Aspekte einer Entwicklung der monochromen Fassung der Spätgotik
  am Niederrhein«, in: Flügelaltäre des späten Mittelalters. Beiträge des internationalen Colloquiums
  »Forschung zum Flügelaltar des späten Mittelalters«, hrsg. von Hartmut Krohm u. Eike Oeller-
  mann, Berlin 1992, S. 23–36.

G. de Werd: »Ein Handtuchhalter mit der Darstellung
  der Heiligen Familie des Kalkarer Bildhauers Arnt
  van Tricht, um 1540«, Jahrbuch des Museums für
  Kunst und Gewerbe Hamburg 11/12 (1992–1993),
  S. 39–50.

G. de Werd: »Das Altarfragment mit der Anbetung der
  Hl. Drei Könige. Ein Hauptwerk des Meisters Arnt
  von Kalkar und Zwolle«, in: Arnt von Kalkar und
  Zwolle. Das Dreikönigenrelief, hrsg. von Hiltrud
  Westermann-Angerhausen, Köln 1993 (Kulturstif-
  tung der Länder, Patrimonia Heft 62), S. 11–45.

W. Thissen (Hrsg.), Das Bistum Münster, Bd. III, Die
  Pfarrgemeinden, Münster 1993.

Gegen den Strom. Meisterwerke niederrheinischer
  Skulptur in Zeiten der Reformation 1500–1550,
  Ausstellungskatalog Suermondt-Ludwig-Museum
  Aachen 1996.

B. Rommé: Henrick Douwermann und die nieder-
  rheinische Bildschnitzkunst an der Wende der
  Neuzeit, Bielefeld 1997 (Schriften der Heresbach-
  Stiftung Kalkar 6).

U. Wolff-Thomson: Jan Joest von Kalkar. Ein niederlän-
  discher Maler um 1500, Bielefeld 1997.

W. Hansmann: »Der Georgsaltar in der Stadtpfarrkirche St. Nicolai zu Kalkar.« Mit Beiträgen von H. Ad-
  riani u. H.-W. Schwanz, in: W. Hansmann & G. Hoffmann, Spätgotik am Niederrhein. Rheinische und
  flämische Flügelaltäre im Licht neuer Forschung,

Köln 1998 (Beiträge zu den Bau- und Kunstdenkmälern im Rheinland 35: Spätgotik am Niederrhein), S. 9–116.

A. Dünnwald: Konfessionsstreit und Verfassungskonflikt. Die Aufnahme der niederländischen Flüchtlinge im Herzogtum Kleve 1566–1585, Kalkar/Bielefeld 1998 (Schriften der Heresbach-Stiftung Kalkar 7).

G. de Werd: »Christus auf dem Kalten Stein – demnächst wieder komplett. Zur Rückkehr einer verlorenen Hand«, in: Kalender für das Klever Land auf das Jahr 1998, S. 10–17.

S. Mann (Hrsg.): Renaissance der Gotik. Ferdinand Langenberg. Neugotik am Niederrhein, Museum Goch 1999.

B. Rommé: »Der Marienleuchter in St. Nikolai«, in: Der Niederrhein und die alten Niederlande. Kunst und Kultur im späten Mittelalter, hrsg. von B. Rommé, Bielefeld 1999 (Schriften der Heresbach-Stiftung Kalkar 9), S. 68–97.

B. Rommé: »Der Niederrhein und seine westliche Kulturraumbeziehungen um 1500. Künstler und Vorbilder für das Kalkarer Hochaltarretabel«, in: Dieter Geuenich, Köln und die Niederheinlande in ihren historischen Raumbeziehungen (15.–20. Jahrhundert), Pulheim 2000, S. 207–225.

550 Jahre St. Nicolai Kalkar. Kirche neu erleben, hrsg. von der Pfarrgemeinde St. Nicolai, Kalkar 2000.

R. Karrenbrock: »Niederrheinische und kölnische Skulptur zur Zeit des Bartholomäusmeisters (um 1470–1510)«, in: Genie ohne Namen. Der Meister des Bartholomäusaltars, Wallraf-Richartz-Museum Köln 2001, S. 92–107.

G. Bergmann: Kalkar. Der Stadtführer, Duisburg 2002.

M. Wensky: Kalkar. Rheinischer Städteatlas, XIV. Lieferung Nr. 76, Köln/Weimar/Wien 2002.

L. Schollmeyer: Jan Joest. Ein Beitrag zur Kunstgeschichte des Rheinlandes um 1500, Bielefeld 2004.

A. Pawlak: »Physik sakral«, in: Physik Journal, Zeitschrift der Deutschen Physikalischen Gesellschaft, 3. Jg., Dezember 2004 (Interview mit Karl-Martin Hartmann zu den astrophysikalischen Elementen und den Teilchenstrukturen in den Kalkarer Fenstern).

U. Grote u. R. Karrenbrock: Kirchenschätze. 1200 Jahre Bistum Münster, Bd. 1 u. 2., Münster 2005.

K. Helmer: »Reliquiengärten«, in: A. Dörpinghaus, G. Herchert, K. Helmer (Hrsg.): Bild – Bildung – Argumentation, Würzburg 2009, S. 123–133.

K. Helmer: »Kunst- und Archivschutz im Krieg am Beispiel Kalkars«, in: Analecta Coloniensia 9 (2009/2010), S. 288–302.

A. Gormans, Der Handtuchhalter des Arnt van Tricht im Museum Kurhaus Kleve. Ein humanistisches Reinheitsgebot der besonderen Art, in: S. Hoppe, A. Marschiess, N. Nußbaum (Red.), Städte, Höfe und Kulturtransfer. Studien zur Renaissance am Rhein, Regensburg 2010, S. 66–89.

M. Cremer, »Die Amsterdamer Monstranz in der St. Nicolaikirche in Kalkar«, in: Historischer Verein für Geldern und Umgegend, Vorträge zum Karl-Heinz-Tekath-Förderpreis 2010, Geldern 2010, S. 14–45.

J. Becks, M. W. Roelen, Stadt Wesel (Hrsg.): Derick Baegert und sein Werk, Wesel 2011.

G. de Werd (Zusammenstellung), Die Dominikaner in Kalkar. Begraben und Vergessen?, Ausstellungskatalog St. Nicolai Kalkar 2013, hrsg. Verein der Freunde Kalkars, mit Beiträgen von J. Prieur, F. van der Meer, R. Karrenbrock, G. Lemmens, A. Truyen und G. de Werd.

R. Karrenbrock / M. Peez, Die beiden Emmericher Heiligen – Agnes und Katharina, in: Jahrbuch der Rheinischen Denkmalpfege Bd. 43 (2013), S. 122–170 (u. a. über den Meister des Kalkarer Annenaltars).

A. Pufke (Hrsg.), E. M. Beckmann (Red.), Der Niederrhein – Kunstlandschaft der Spätgotik, 3. Rheinischer Tag für Denkmalpflege Kalkar 5. Mai 2013, Pulheim-Brauweiler 2013 (mit Beiträgen von G. Hoffmann, R. Karrenbrock, M. Peez).

K. Helmer u. S. Keller, »Antoniusfeuer. Traditionen der Verehrung des Hl. Antonius Abbas in Kalkar«, in: Kalender für das Klever Land 2014, S. 48–64

V. Henkelmann: Spätgotische Marienleuchter. Formen, Funktion und Bedeutung, Regensburg 2014 (Studie zu Kalkar S. 155–199).

H. Brülls: Glanzlichter. Gegenwartskunst Glasmalerei, Petersberg 2014, bes. S. 46f.

Personenregister

Förderverein St. Nicolai e.V., Kalkar

Der Förderverein St. Nicolai e.V. in Kalkar wurde im Jahre 1999 gegründet; er ist Auftraggeber der nunmehr vorliegenden 2. Auflage dieses Kirchenführers. Damit kann dem interessierten Besucher und Leser die Glaubenswelt des späten christlichen Mittelalters zugänglich werden, wie sie in ihrer Bildhaftigkeit und mystischen Symbolik besonders ausgeprägt war. St. Nicolai in Kalkar birgt ein reiches Erbe von europäischer Bedeutung; der Förderverein hat es sich zur Aufgabe gemacht, dieses Vermächtnis unserer Vorfahren zu hüten und lebendig zu erhalten. Waren es doch vor mehr als 500 Jahren die Bürger dieser Stadt, die diese Ausstattungsfülle als Bekenntnis des Glaubens gestiftet haben. Die damaligen Bruderschaften und Gilden existieren bis zum heutigen Tage und sind aktiv im Förderverein; viele Bürgerinnen und Bürger und auch begeisterte Besucher tragen mit dazu bei, diese Tradition lebendig zu erhalten.

So hat der Förderverein St. Nicolai e.V. Kalkar bewirken können, dass der Fensterzyklus von Karl-Martin Hartmann »Gestalt« annimmt, die Schatzkammer errichtet wurde und die Turmbeleuchtung und die Turmuhr Weg und Zeit weisen. Wir bedanken uns bei allen Sponsoren aus der Bürgerschaft, Industrie und Politik sowie bei der Volksbank Kleverland und der Sparkasse Kleve. Besonders herzlich bedanken wir uns beim Autor dieses Kirchenführers Drs. Guido de Werd für die Übernahme der Texte der ersten Auflage, bei Pastor Alois van Doornick für die erweiterte Fassung sowie beim Deutschen Kunstverlag Berlin / München für das neue Layout.

Kalkar, im September 2016

Karl Ludwig van Dornick
Vorsitzender

Wir freuen uns über eine Unterstützung der Arbeit des

Förderverein St. Nicolai Kalkar e.V.,
Postfach 1145, 47538 Kalkar
IBAN DE 92 3246 0422 0017 4040 16
Volksbank Kleverland
IBAN DE 38 3245 0000 0005 1071 07
Sparkasse Kleve

Informationen über die St. Nicolaikirche erhalten Sie bei der

Pfarrgemeinde Heilig-Geist Kalkar,
Jan-Joest-Straße 6, 47546 Kalkar
Telefon: 0049-(0)2824-97 65 10
Fax: 0049-(0)2824-976 51 11

E-Mail:
heiliggeist-kalkar@bistum-muenster.de
pfarramt@stnicolai.de

Internet:
www.heilig-geist-kalkar.de
www.stnicolai.de

Dort sind auch die Öffnungszeiten zu erfahren oder Führungen durch Ehrenamtler der St.-Nikolaus-Bruderschaft zu moderaten Preisen zu vermitteln.